Ephraim Kishon

Die liebe Verwandtschaft

W0047046

Ephraim Kishon

Die liebe
Verwandtschaft

Langen*Müller*

Besuchen Sie uns im Internet unter
www.langen-mueller-verlag.de

1. Auflage 2010
2. Auflage 2011

Schutzumschlag: www.atelier-sanna.com, München
unter Verwendung eines Motivs von Martin Mullen, Fotolia
Satz: Ina Hesse
Gesetzt aus: 10,7/13,5 GaramondBQ
Druck und Binden: GGP Media GmbH, Pößneck
Printed in Germany
ISBN 978-3-7844-3230-4

Inhaltsverzeichnis

Verwandtschaft bereichert
das Leben ungemein   7

Onkel Morris und das
Kolossalgemälde   13

Platonische Liebe   22

Brautkauf im Kibbuz   25

Herkules und die sieben Kätzchen   29

Nehmen Sie Platz   35

Ja, Mama   40

Besuchszeiten:
Montag und Donnerstag   44

Kostenlose Reklame   52

Ringelspiel   63

Abgesichert   66

Mitbringsel   68

Kleine Geschenke erhalten
Vater und Sohn   74

Reisen bildet   81

Compukortschnoi   88

Renanas Weg zur finanziellen
Unabhängigkeit   94

Paka 101

Ein Ei, das keinem anderen gleicht 106

Generationskonflikt auf
literarischer Ebene 111

Der archaische Großvater oder
Schonzeit für Regenschirme 116

Yigal und die Inquisition 118

Der Schaukelhengst 121

Mit Mazzes versehen 125

Kontakt mit dem Jenseits 130

Entspannung 137

Ein Schnuller namens Zezi 143

Ich mache Karriere 149

Apollo-11-Mission 155

Verwandtschaft bereichert
das Leben ungemein

Nehmen wir den Vater meines Nachbarn Felix Selig, den alten Selig aus Riga. Eines Tages entdeckte er plötzlich auf einer Bank im Ben-Gurion-Flughafen seinen Bruder, den er seit 53 Jahren nicht gesehen hatte. Das muss man sich vorstellen: seit 53 Jahren! »Grischa!« rief er und die beiden Brüder lagen einander schluchzend in den Armen. Dann begannen sie in alten Erinnerungen zu kramen und Väterchen Selig kramte so lange, bis ihm einfiel, dass er ein Einzelkind war. Daraufhin rückte sein Bruder, immer noch unter Tränen, mit einem Geständnis heraus: Er sei in Australien geboren, gestand er und heisse Harry Nathansohn. Es war eine herzergreifende Szene. Dass zwei völlig Fremde, die einander 53 Jahre lang nicht gesehen hatten, auf solche Weise zusammentreffen würden, hätte niemand geglaubt.

Im Grunde ist die Suche nach verlorenen Verwandten eine Suche nach den eigenen Wurzeln, wenn möglich nach wohlhabenden. Der unwiderstehliche Drang, Verwandte zu entdecken, entsteht besonders in Zeiten drohender Kriegsgefahr oder wenn die Bank einen Bürgen verlangt.

Ich erinnere mich an die rührende Geschichte eines Neueinwanderers namens Ginsberg, der sich in der Diaspora den Ruf erworben hatte, ein Fachmann für die Reparatur schadhaft gewordener Eishockeystöcke zu sein. Als er zu uns ins Land kam und ein wenig Ruhe fand, fiel ihm auf, dass im Nahen und Mittleren Osten nur sehr geringe Nachfrage nach reparierten Eishockeystöcken herrscht. Daraufhin überkam ihn das brennende Verlangen, einen angeheirateten Cousin zweiten Grades aufzustöbern, gleichgültig, wo dieser sich befände. Ginsberg ging umher und fragte und forschte und grub nach Wurzeln und nach einiger Zeit stieß er tatsächlich auf die richtige Spur. Sie führte ihn nach Paris, wo er den lang entbehrten und weit entfernten Vetter sofort aufsuchte. Als er ihm, von Rührung übermannt, um den Hals fallen wollte, warf ihn der Baron Rothschild eigenhändig hinaus. Moral: Arme Verwandte haben ein besseres Gedächtnis als reiche.

Ich für meine Person finde entfernte Verwandte sehr anregend. Es ist von unvergleichlichem Reiz, wenn plötzlich jemand vor deiner Tür steht und dir ohne Übergang mitteilt: »Ich bin Sándor, der jüngste Sohn von Ottilie, die einen Neffen des seligen Emanuel Schmulewitz geheiratet hat.« Dein Herz beginnt wild zu schlagen, dein Hirn beginnt fieberhaft zu arbeiten: Wo hat dieser Sándor die ganze Zeit gesteckt? Wer hat ihn geschickt? Und vor allem: Wer ist Emanuel Schmulewitz?

Einen andern, weniger rätselhaften Typ von Verwandtschaft repräsentiert meine Tante Ilka, die irgendwann in unsre Familie eingeheiratet hat, aber es ist nicht ganz klar, ob das auf der väterlichen oder auf der mütterlichen Seite geschah. Jedenfalls fragt mich meine Mutter zweimal im Jahr, ob ich Ilka besucht hätte, und ich antworte zweimal im Jahr: »Nein, noch nicht, aber demnächst besuche ich sie ganz bestimmt.«

Dabei habe ich gegen Tante Ilka als solche nichts einzuwenden, außer dass sie in einer schwer erreichbaren Vorstadt von Jaffa wohnt und eine alte Hexe von 89 Jahren ist. Überdies nörgelt sie ständig an mir herum. Immer, wenn ich sie besuche, und das ist wirklich selten genug, empfängt sie mich mit den Worten: »Höchste Zeit, dass du dich einmal an deine alte Tante erinnerst!«

»Ich habe schrecklich viel zu tun«, pflege ich zu erwidern. »Aber jetzt bin ich hier, Tante Ilka. Wie geht es dir?«

Statt einer Auskunft bekomme ich den Auftrag, wieder hinauszugehen und mir draußen gründlich die Schuhe zu reinigen. Wegen der Fliesen. Tante Ilka leidet an einer seltenen, wenn auch keineswegs lebensgefährlichen Krankheit, der sogenannten Fliesomanie. Ein sauberer Fussboden geht ihr über alles. Die Fliesen in ihrer Wohnung sehen aus, als wären sie mit der Zahnbürste geputzt worden. Man hat Angst, sie mit den Füßen zu berühren. Am liebsten würde man über sie hinwegschweben. Tante Ilka kennt jede einzelne ihrer Fliesen persönlich und benennt sie nach dem Schachbrett-System. »Auf E 4 ist ein Schmutzfleck«, sagt sie.

Nach einer Weile verlassen wir das Thema »Fliesen«

und wenden uns dem Thema »Katzen« zu. Sofort beginnen Tantchens Augen feucht zu schimmern und ihre Stimme senkt sich zu melancholischem Flüstern. »Bianca … meine süße Bianca …« Bianca war ihre Lieblingskatze, sie starb in sagenhaft hohem Alter um 1950. Ich habe sie nicht gekannt, weil ich damals noch auswärts lebte und mir das Schicksal jüdischer Katzen unerheblich erschien. Dafür lässt mich Tante Ilka büßen, indem sie jedesmal aus ihrem antiken oder zumindest antiquarischen Schmuckkästchen, das auf den Fliesen G 6 und H 8 steht, ein altes Foto von Bianca hervorholt.

»Dort, wo du jetzt sitzt«, lautet der unabwendbare Begleittext, »in diesem selben Fauteuil … dort hat sie sich immer zusammengerollt.« Der Text bleibt mir auch dann nicht erspart, wenn ich stehe. »Sie war ein wunderbares Tier. Komm, schau sie dir an.« Gehorsam komme ich näher, um mir das Foto anzuschauen. Ich sehe eine Katze mit Schnurrbarthaaren, Ohren und Schwanz. Eine Katze. Mir sind Hunde lieber.

»Sie hat dich sehr geliebt, Robert«, sagt Tante Ilka. »Mehr als sonst jemanden auf der Welt.«

Habe ich schon erwähnt, dass Tante Ilka 89 Jahre alt ist? Wenn dieses Buch erscheint, wird sie vielleicht schon 90 sein. Wirklich zu dumm, dass ich Bianca nicht gekannt habe. Und dass ich nicht Robert heiße.

Tante Ilka gehört zur Kategorie der Besuchs-Tanten. Onkel Kalman hingegen ist ein Telefon-Onkel. Er ruft mich in regelmäßigen Intervallen an und fragt, warum ich ihn nicht anrufe. Außerdem leidet er an chronischem Rheuma. Welches sich bekanntlich ganz hervorragend für lange, ausführliche Bulletins eignet. Das ist der Grund, warum ich mir ein speziell konstruiertes Telefon angeschafft habe, das ich nicht ans Ohr halten muss und beide Hände frei habe. Während Onkel Kalman sich in detaillierten Schilderungen seines Leidens ergeht, schreibe ich ein oder zwei Theaterstücke, erledige die Post, halte zwischendurch ein kleines Nickerchen und muss nur achtgeben, dass ich alle Viertelstunden eine passende Bemerkung in Richtung Hörer einwerfe, etwa: »Was du nicht sagst, Onkel Kalman!« oder: »Nein, wirklich?« Es geht ganz gut, aber es ist, alles in allem, ein wenig anstrengend.

Die Wende kam, als ich eines Tages, während Onkel Kalman am Telefon eine besonders lange Langspielplatte durchgab, für ein paar Minuten vors Haus ging, um Luft zu schöpfen und meinen Nachbar Felix Selig dabei antraf, wie er sich gerade von einem düster dreinblickenden alten Herrn verabschiedete. Sie umarmten einander wortlos, aber herzlich und gingen wortlos auseinander.

»Das war der alte Wertheimer«, erklärte mir Felix. »Ein Onkel von mir, glaube ich.«

»Stumm oder taub?«, fragte ich.

»Weder noch. Nur schweigsam. Der schweigsamste Onkel, den es jemals gab. Ich bekomme kein Wort aus ihm heraus. Er langweilt mich tödlich.«

Da überkam mich die Erleuchtung. »Hören Sie, Felix. Ich habe einen ungefähr gleichaltrigen, gut erhaltenen Onkel, der das Gegenteil von schweigsam ist.

11

Er redet pausenlos, ohne besonderen Wert darauf zu legen, dass man ihm zuhört. Wenn man ihn nur reden lässt. Wie wär's …?«

Felix verstand mich sofort. Wir wechselten die Onkel. Seither kommt Onkel Wertheimer einmal wöchentlich zu mir, setzt sich stumm in eine Ecke meines Arbeistzimmers und starrt eine Stunde lang zur Decke, ehe er sichtlich zufrieden geht. Dafür ruft Onkel Kalman jeden Montag meinen Freund Felix an. Das Arrangement erfreut sich der Zustimmung aller Beteiligten, einschließlich meiner Mutter. »Hauptsache, dass Kalman jemanden hat, mit dem er plaudern kann«, entschied sie.

Kein Zweifel: Die Zukunft gehört dem Verwandtentausch. Ich werde demnächst eine Anzeige aufgeben: »Tausche gepflegte alte Tante mit toter Katze gegen lebensfrohe Cousine, 20 bis 25.«

Onkel Morris und das Kolossalgemälde

Der Tag begann wie jeder andere Tag. Im Wetterbericht hieß es »wechselnd wolkig bis heiter«, die See war ruhig, alles sah ganz normal aus. Aber zu Mittag hielt plötzlich ein Lastwagen vor unserem Haus. Ihm entstieg Morris, ein angeheirateter Onkel meiner Gattin mütterlicherseits.

»Ihr seid übersiedelt, höre ich«, sagte Onkel Morris. »Ich habe euch ein Ölgemälde für die neue Wohnung mitgebracht.«

Und auf einen Wink seiner freigebigen Hand brachten zwei stämmige Träger das Geschenk angeschleppt.

Wir waren tief bewegt. Onkel Morris ist der Stolz der Familie meiner Frau, ein sagenhaft vermögender Mann von großem Einfluss in einflussreichen Kreisen. Gewiss, sein Geschenk kam ein wenig spät, aber schon die bloße Tatsache seines Besuchs war eine Ehre, die man richtig einschätzen musste.

Das Gemälde bedeckte ein Areal von vier Quadratmetern, einschließlich des gotisch-barocken Goldrahmens und stellte das jüdische Gesamterbe dar. Rechts vorne erhob sich ein kleines »Städel«. Es lag teils in der Diaspora, teils in einem Alptraum und war von vielem Wasser und vielem sehr blauem Himmel umgeben. Zuoberst prangte die Sonne in natürlicher Größe, zuunterst weideten Kühe und Ziegen. Auf einem schma-

13

len Fußpfad wandelte ein Rabbi mit zwei Torarollen, ihm folge eine Anzahl von Talmudschülern, darunter einige Wunderkinder sowie ein Knabe kurz vor Erreichung des dreizehnten Lebensjahrs, der sich für seine Bar-Mizwa vorbereitete. Im Hintergrund sah man eine Windmühle, eine Gruppe von Geigern, den Mond, eine Hochzeit und einige arbeitende Mütter, die im Fluss ihre Wäsche wuschen. Auf der linken Seite öffnete sich die hohe See, komplett mit Segelbooten und Fischernetzen. Aus der Ferne grüßten Vögel und die Küste Amerikas.

Noch nie in unserem ganzen Leben hatten wir ein derartiges Konzentrat von Scheußlichkeit erblickt, obendrein in quadratischem Format, in neoprimitivem Stil und in Technicolor.

»Wahrhaft atembeklemmend, Onkel Morris«, sagten wir. »Aber das ist ein viel zu nobles Geschenk für uns. Das können wir nicht behalten!«

»Macht keine Geschichten«, begütigte Onkel Morris. »Ich bin ein alter Mann und kann meine Sammlung nicht mit ins Grab nehmen.«

Als Onkel Morris, der Stolz der Familie meiner Frau, gegangen war, saßen wir lange vor dem in Öl geronnenen Schrecknis und schwiegen. Die ganze Tragik des jüdischen Volkes begann uns zu dämmern. Es war, als füllte sich unsere bescheidene Wohnung bis zum Rande mit Ziegen, Wolken, Wasser und Talmudschülern. Wir forschten nach der Signatur des Täters, aber er hatte sie feig verborgen. Ich schlug vor, die quadratische Ungeheuerlichkeit zu verbrennen. Meine

Gattin schüttelte traurig den Kopf und wies auf die eigentümliche Empfindlichkeit hin, durch die sich ältere Verwandte auszeichnen. Onkel Morris würde uns eine solche Kränkung niemals verzeihen, meinte sie.

Wir beschlossen, dass wenigstens niemand anderer das Grauen je zu Gesicht bekommen sollte, schleppten es auf den Balkon, drehten es mit der öligen Seite zur Mauer und ließen es stehen.

Eine der dankenswertesten Eigenschaften des menschlichen Geistes ist die Fähigkeit zu vergessen. Wir vergaßen das Schreckensgemälde, das von hinten nicht einmal so schlecht aussah und gewöhnten uns allmählich an die riesige Leinwand auf unserem Balkon. Eine Schlingpflanze begann sie instinktiv zu überwuchern.

Manchmal des Nachts konnte es freilich geschehen, dass meine Frau jäh aus ihrem Schlaf emporfuhr, kalten Schweiß auf der Stirn.

»Und wenn Onkel Morris zu Besuch kommt?«

»Er kommt nicht«, murmelte ich verschlafen. »Warum sollte er kommen?«

Er kam.

Bis ans Ende meiner Tage wird mir dieser Besuch im Gedächtnis haften. Wir saßen gerade beim Essen, als die Türglocke erklang. Ich öffnete. Onkel Morris stand draußen und kam herein. Das Ölgemälde schlummerte auf dem Balkon, mit dem Gesicht zur Wand.

»Wie geht es euch?«, fragte der Onkel meiner Gattin mütterlicherseits.

Im ersten Schreck – denn auch ich bin nur ein Mensch – erwog ich, mich durch die offengebliebene Tür davonzuschleichen und draußen im dichten Nebel zu verschwinden. Gerade da erschien meine Frau, die beste Ehefrau von allen. Bleich, aber gefasst stand sie im Türrahmen und zwitscherte: »Bitte nur noch ein paar Sekunden, bis ich Ordnung gemacht habe! Ephraim, unterhalte dich so lange mit Onkel Morris. Das kann nur gut für dich sein.«

Ich versperrte Onkel Morris unauffällig den Weg ins Nebenzimmer und verwickelte ihn in ein angeregtes Gespräch. Von nebenan klangen verdächtige Geräusche, schwere Schritte und ein sonderbares Pumpern, als schleppte jemand eine Leiter hinter sich her. Dann machte ein fürchterlicher Krach die Wände erzittern und dann klang die schwache Stimme der besten Ehefrau von allen: »Ihr könnt hereinkommen.«

Wir betraten das Nebenzimmer. Meine Frau lag erschöpft auf der Couch und atmete schwer. An der Wand hing, noch leise schaukelnd, Onkelchens Ölgeschenk, verdunkelte das halbe Fenster und sah merkwürdig dreidimensional aus, denn es bedeckte noch zwei kleinere Gemälde nebst der Kuckucksuhr, und zwar dort, wo die Berge waren, die sich infolgedessen deutlich hervorwölbten.

Auf Onkel Morris machte die bevorzugte Behandlung, die wir seinem Geschenk angedeihen ließen, den denkbar günstigsten Eindruck. Nur den Platz, an dem wir es aufgehängt hatten, fand er ein wenig dunkel. Wir baten ihn, nächstens nicht unangemeldet zu kommen, damit wir uns auf seinen Besuch vorbereiten könnten.

»Papperlapapp«, brummte Onkel Morris leutselig. »Für einen alten Mann wie mich braucht man keine Vorbereitungen. Ein Glas Tee, ein paar belegte Brote, etwas Gebäck – das ist alles …«

Seit diesem Zwischenfall lebten wir in ständiger Bereitschaft. Von Zeit zu Zeit hielten wir Alarmübungen ab: Wir stellen uns schlafend – meine Frau ruft plötzlich: »Morris!« – ich springe mit einem Panthersatz auf den Balkon – unterdessen fegt meine Frau alles von den Wänden des Zimmers herunter – eine Notleiter liegt griffbereit unterm Bett – und im Handumdrehen ist alles hergerichtet. Wir nannten diese Übung »Unternehmen Haman« (weil es etwas mit Aufhängen zu tun hat).

Nach einer Woche intensiven Trainings bewältigten wir die ganze Prozedur – vom Ausruf »Morris« über das aufgehängte Bild bis zur Verwischung sämtlicher Spuren – in knappen zweieinhalb Minuten. Ein bemerkenswerter sportlich-artistischer Rekord.

Eines schicksalsschweren Sabbats kündigte uns Morris seinen Besuch an. Da er erst am Nachmittag kommen wollte, hatten wir genügend Zeit zur Vorbereitung und beschlossen, das Äußerste aus der Sache herauszuholen. Ich stellte rechts und links in schrägem Winkel zum Gemälde zwei Scheinwerfer auf, die ich mit rotem, grünem und gelbem Zellophanpapier verkleidete. Meine Frau besteckte den Goldrahmen mit erlesenen Blumen und Blüten. Und als wir dann noch das Scheinwerferlicht einschalteten, durften wir uns sagen, dass kein Grauen jemals diesem hier gleichkäme.

Pünktlich um fünf Uhr nachmittags ging die Türglocke. Während meine Frau sich anschickte, Onkel Morris liebevoll zu empfangen, richtete ich zur Steigerung des Effekts den einen Scheinwerfer auf die weidenden Ziegen und den andern auf die waschenden Mütter. Dann öffnete sich die Tür. Dr. Perlmutter, einer der wichtigsten Männer im Ministerium für Kultur und Erziehungswesen, trat mit seiner Gattin ein.

Dr. Perlmutter gehört zur geistigen Elite unseres Landes. Sein Geschmack ist in intellektuellen Kreisen geradezu sprichwörtlich. Seine Gattin leitet eine repräsentative Galerie. Und diese beiden kamen jetzt herein.

Einige Sekunden lang schien die Zeit stillzustehen. Dann sah es aus, als wollte Dr. Perlmutter in Ohnmacht fallen. Dann unternahm ich, mit dem Rücken zum Öl, eine lahme Rettungsaktion und verdeckte wenigstens die weidenden Ziegen. Dann sagte jemand in meiner Kehle: »Was für eine freudige Überraschung. Bitte nehmen Sie Platz.«

Dr. Perlmutter, immer noch leise schwankend, hatte seine Brille abgenommen und rieb hartnäckig die Gläser.

Die verdammten Blumen. Wenn wenigstens diese verdammten Blumen auf dem gotisch-barocken Goldrahmen nicht wären.

»Eine sehr hübsche Wohnung haben Sie«, murmelte Frau Dr. Perlmutter. »Und so hübsche … hm … Gemälde …«

Ich fühlte ganz deutlich, wie die Talmudschüler in meinem Rücken chassidische Tänze aufführten. Im Übrigen vergingen die nächsten Minuten in angespannter Reglosigkeit. Die Augen unserer Gäste waren starr auf das Ding gerichtet. Schließlich gelang es meiner tapferen Frau, den einen der beiden Scheinwerfer abzuschalten, aber von den Schultern des Rabbiners abwärts blieb die Szenerie in gleißendes Licht getaucht. Dr. Perlmutter klagte über Kopfschmerzen und verlangte ein Glas Wasser. Als meine tapfere Frau mit dem Glas Wasser aus der Küche zurückkam, schmuggelte sie mir einen kleinen Zettel mit einer Nachricht zu. Der Text lautete: »Ephraim, mach was!«

»Entschuldigen Sie, dass wir so plötzlich bei Ihnen eindringen«, sagte Frau Dr. Perlmutter mit belegter Stimme. »Aber mein Mann wollte mit Ihnen über eine Vortragsreise nach Amerika sprechen.«

»Ja!«, jauchzte ich. »Wann?«

»Keine Eile«, sagte Dr. Perlmutter und erhob sich. »Die Angelegenheit ist nicht mehr so dringend.«

Es war klar, dass ich jetzt endlich mit einer Erklärung herausrücken musste, sonst wären wir aus dem Kreis der zivilisierten Menschheit für immer ausgestoßen. Meine kleine tapfere Frau kam mir zur Hilfe.

»Sie wundern sich wahrscheinlich, wie dieses Bild hierhergekommen ist?«, wisperte sie.

Beide Perlmutters, schon an der Tür, wandten sich um.

»Ja«, sagten sie beide.

In diesem Augenblick kam, mit genauer Berechnung, Onkel Morris. Wir stellten ihn unseren Gästen vor und merkten mit Freude, dass sie Gefallen an ihm fanden.

»Sie wollten uns etwas über dieses ... hm ... über dieses Ding erzählen«, mahnte Frau Dr. Perlmutter meine kleine tapfere Frau.

»Ephraim«, sagte meine kleine tapfere Frau. »Bitte.«

Ich ließ meinen Blick in die Runde wandern – vom verzweifelten Antlitz meiner Gattin und den versteinerten Perlmutter-Gesichtern – über die Wunderkinder im Schatten der Windmühle – bis zum stolzgeschwellt strahlenden Onkel Morris.

»Es ist ein sehr schönes Bild«, brachte ich krächzend hervor. »Es hat Atmosphäre ... einen meisterhaften Pinselstrich ... und Sonne ... sehr viel Sonne ... Wir haben es von unserem Onkel hier geschenkt bekommen.«

»Sie sind Sammler?«, fragte Frau Dr. Perlmutter. »Sie sammeln –«

»Nein, solche Sachen nicht«, unterbrach Onkel Morris und lächelte abwehrend. »Aber die Jugend von heute – seid nicht bös, Kinder, wenn ich offen bin –, die völlig geschmacklose Jugend von heute bevorzugt diese monströsen Potpurris.«

»Nicht unbedingt«, sagte ich mit einer Stimme, deren plötzliche Härte und Entschlossenheit mich selbst ein wenig überraschte. Aber jetzt gab es kein Halten mehr. Schon blitzte die Schere in meinen Händen.

»Wir haben auch für Bilder kleineren Formats etwas übrig.«

Damit hatte ich die Schere am linken Flussufer angesetzt. Dieses, drei Kühe und ein Stückchen Himmel waren ihr erstes Opfer. Als Nächstes schnitt ich den Kahn und die zwei Geiger aus. Dann die Windmühle. Dann ging es durcheinander. Die elementare Wollust des Schöpferischen überkam mich. Mit heiserem Gurgeln stürzte ich mich auf das Fischernetz und stülpte es über den Rabbi. Die waschenden Mütter mischten sich unter die Wunderkinder. An der Küste Amerikas herrschte Mondfinsternis. Die Ziegen bereiteten sich zur Bar-Mizwa vor ...

Als ich aufsah, waren wir allein in der Wohnung. Um so besser. So konnten meine Frau und ich alles in Ruhe arrangieren.

Eine Viertelstunde später waren wir im Besitz von zweiunddreißig Bildern in handlichem Format. Wir werden eine Galerie im Zentrum der Stadt eröffnen.

Platonische Liebe

Mein Cousin saß da und starrte zur Decke. Seine Stimme klang träumerisch.

»Es war Liebe auf den ersten Blick. Ein Hauch von geistigem Adel schwebte um diese Frau, ein Leuchten wie von innerer Heiterkeit. Sie hatte mich nur ein einziges Mal aus ihren geheimnisvollen dunklen Augen angesehen – und ich war ihr verfallen. Ich folgte ihr wie in Trance. Sie liebte mich nicht.«

»Was du nicht sagst.«

»Sie fand, ich sei nicht empfindsam genug. Sie ist eine Dichterin. Wir trafen einander ein paarmal und sprachen über ihre Pläne. Das war alles. Sie hatte eine Art Leibwächter, einen Jugoslawen. Ich saß nächtelang auf der Treppe vor ihrer Wohnungstür und beneidete ihn. Wenn sie mich am Morgen um ein Päckchen Erdnüsse schickte, war ich der glücklichste Mensch auf Erden.«

»Was du nicht sagst.«

»Sie nahm kleine Geschenke von mir entgegen, manchmal auch etwas Bargeld, aber dadurch wurde ihre Leidenschaft nicht geweckt. Ich litt wie ein Hund. Eines Nachts hatte ich eine fürchterliche Vision: Ich sah den Jugoslawen, wie er ihr in der Badewanne den Rücken einseifte. Damals fasste ich den Entschluss, mich von dem allen zu befreien. Ich rannte die ganze Nacht durch die Straßen. Wohin, war mir gleichgültig.

Nur weg von ihr. Am Morgen fand ich mich vor ihrer Türschwelle mit einem Päckchen Erdnüsse. Sie warf mich hinaus. Meine Freunde sahen mich zugrunde gehen und kamen mir zu Hilfe. Sie fesselten mich an einen Schaukelstuhl. Aber selbst dann erschien vor meinem geistigen Auge immer wieder ihr geheimnisvoll lockendes Lächeln. Ich schaukelte zum Telefon und wählte mit der Nase den Polizeinotruf. Die Polizei kam und band mich los. Ich ließ mich zu ihrer Wohnung führen, um ihr einen Heiratsantrag zu machen.«

»Was du nicht sagst.«

»Sie war nicht zu Hause. Wahrscheinlich ausgegangen, mit ihrem Leibwächter. Ich suchte einen Psychoanalytiker auf und sagte ihm alles. Er erklärte mir, dass ich als kleines Kind meine Mutter gehasst hätte und mich jetzt dafür rächen wollte. Es wäre auch möglich, dass ich als kleines Kind meine Mutter geliebt hätte und dass ich jene Frau mit ihr identifiziere. Was immer davon zutraf – ich brach jedesmal in Tränen aus, wenn ich ihren Namen nannte. Der Analytiker brüllte mich an, dass ich mich nicht wie ein kleines Kind benehmen solle. Ich sprang von der Couch und ging zu ihr. Ich war entschlossen, ihr meinen gesamten Besitz zu vermachen.«

»Was du nicht sagst.«

»Sie war im Prinzip einverstanden und ließ mich zum ersten Mal in ihre Wohnung ein. Eine kultivierte Wohnung, voll von kultivierter Atmosphäre. Wir lasen Lyrik. Als sie zu Bett ging, durfte ich die Kerze halten. Das Wachs tropfte auf meine Finger und ich fühlte mich im Himmel. Dann kam der Jugoslawe. Er hatte die Türschlüssel. Sie schlossen mich in die Speisekammer ein. Ich begann zu trinken. Whisky, Rum, Sodawasser, Himbeersaft, alles, was ich dort fand. Aber es half nichts. Ich konnte nicht leben ohne sie, ohne ihre Stimme zu hören, ohne die vibrierende Ausstrahlung ihrer Persönlichkeit zu spüren. Ich bat sie, mich unter ihrem Bett schlafen zu lassen. Sie lehnte ab. Ich sprang aus dem Fenster.«

»Was du nicht sagst.«

»Ich hatte sterben wollen, aber ich brach mir nur das Bein. Drei Monate lag ich im Gipsverband und lernte Serbokroatisch. Alle zehn Minuten rief ich sie an, bis sie den Stecker herauszog. Ich verfiel immer mehr. Aus dem Spiegel glotzte mir das Wrack meines Schattens entgegen. Eines Tages ertrug ich es nicht länger, schwindelte mich im Pyjama aus dem Krankenhaus und schleppte mich zu ihr. Sie öffnete die Tür – und seither habe ich jedes Interesse an ihr verloren. Der Jugoslawe kann sie haben.«

»Was ist geschehen?«

»Sie ist dick geworden.«

Brautkauf im Kibbuz

Mein langweiliger Cousin Schimon konnte sich vor Freude über meine Ankunft nicht fassen, als ich ihn damals im Kibbuz besuchte. Er war gerade an diesem Tag in ein neues Zimmer übersiedelt, sein kleiner Junge lag mit Masern im Bett, seine Frau spielte Hebamme bei einer widerstrebenden Kuh und er selbst musste dringend in den Speisesaal, wo eine Vollversammlung über den Fall eines Kibbuzmitgliedes beraten sollte. Dieses Mitglied hörte auf den Namen »Ricki der Verrückte« und verlangte aus der Kibbuzkasse schon seit Wochen eine Summe von 4400 Pfund.

»Wozu braucht ein Kibbuznik Geld?«, fragte ich meinen Cousin, während ich hinter ihm zum Speisesaal rannte. Schimon, der Schatzmeister des Kibbuz war, antwortete: »Er will eine Frau kaufen.«

Vor einiger Zeit war nämlich Ricki der Verrückte mit der Funktion eines »Einkäufers« betraut worden, hatte in einer von Jemeniten bewohnten Nachbarsiedlung zu tun gehabt und sich dort Hals über Kopf in ein jemenitisches Mädchen namens Chefzibah verliebt. Dass Rickis Familienname Kraus war und Chefzibas Familienname Habifel, störte ihn nicht.

Papa Habifel erteilte sofort seine Zustimmung. Mehr als das, wegen der Jugendlichkeit des Bräutigams verlangte er für seine Tochter nur 4400 Pfund in bar.

Herrn Habifels Forderung verblüffte Ricki, aber der

alte Mann erklärte ihm mit patriarchalischer Geduld, dass er als Vater Anspruch darauf hätte, die in seine Tochter investierten Spesen zurückzubekommen. Rikki der Verrückte musste einsehen, dass es sich hier um eine uralte, unabänderliche jüdische Sitte handle.

Was tut ein normaler Stadtbewohner unter solchen Umständen? Er nimmt ein Darlehen bei einer Bank auf, verkauft den Familienschmuck seiner Großmutter, veruntreut Firmengelder oder macht Überstunden. Ein Kibbuznik hat aber keine Großmutter mit Familienschmuck, keine Bank und keine Firmenkasse. Er hat nichts zu verkaufen, außer seinem reinen Gewissen, und dafür bekäme er höchstens fünfzig bis sechzig Pfund. Er kann also nur von der Kibbuzverwaltung das Geld zum Kauf einer Gattin verlangen.

Die Kibbuzverwaltung lehnte den Wunsch Rickis des Verrückten nach kurzer Debatte ab, und zwar aus drei Gründen: 1. Man kauft keine Frau für bares Geld. 2. Wir leben nicht mehr in der Steinzeit. 3. Hat man so etwas je gehört?

Das Sekretariat bot jedoch an, mit dem alten Herrn Habifel zu verhandeln. Und so begaben sich der Kibbuzsekretär und die Vorsitzende des Sozialausschusses in die jemenitische Nachbarsiedlung. Nach zwei Tagen kamen sie zurück und berichteten der Vollversammlung, dass schließlich und endlich, bei nüchterner Betrachtung der jemenitischen Lebensformen, dass also, kurz und gut und im Grunde, gegen die Forderung von Herrn Habifel nichts einzuwenden sei. 4400 Pfund sei aber ein exorbitant hoher Preis, den man unmöglich zahlen könne. Für 400 Pfund bekäme man ja schon eine Kuh oder eine Dieselpumpe.

Ricki der Verrückte schlug Krach, dass die Wände zitterten. Er verwahrte sich dagegen, dass man seine Chefzibah mit einer Kuh vergliche und verlangte auf der Stelle das Geld, sonst würde er sofort aus dem Kibbuz austreten.

In der folgenden Vollversammlung herrschte gespannte Stimmung. In den ersten Reihen saßen die Funktionäre, dahinter die übrigen männlichen Kibbuzmitglieder. Die weiblichen saßen an den Wänden und strickten warme Pullover. Die Kinder standen an den Fenstern und gingen trotz wiederholter Strafandrohungen nicht schlafen.

»Genossen«, begann der Kibbuzsekretär. »Wir stehen vor einem völlig neuen Problem. Wir alle kennen und lieben unseren Ricki. Er ist ein alter Kibbuznik und ein guter Arbeiter. Deshalb schlage ich vor, dass wir die Hälfte des Brautpreises bezahlen und ihm für die andere Hälfte einen in zwanzig Jahren rückzahlbaren Kredit geben.«

»Ich brauche keine Gefälligkeiten von euch«, schrie Ricki der Verrückte aufgebracht. »Heiraten ist eine biologische Notwendigkeit. Ihr könnt mich also, wenn ihr wollt, krank schreiben lassen und die 4400 Pfund für meine Heilung bewilligen.«

Der Vorsitzende wollte wissen, von welchem Budget man eigentlich die 200 Pfund nehmen wollte?

»Von unserem Erziehungsbudget«, schlug ein friedfertiger Kibbuznik vor, aber der Protest war einhellig.

»Was fällt dir überhaupt ein? Sollen unsere Kinder darunter leiden, dass Ricki verrückt ist?«

»Und was ist mit meinen Kindern?«, brüllte Ricki. »Haben sie kein Recht, geboren zu werden?!«

»Wir müssen eine Lösung finden.« Der Sekretär bat um Ruhe. »Missversteh mich nicht, Ricki, vielleicht könnten wir das Geld aus dem Viehbestandsbudget freimachen. Wir haben nämlich, unterbrich mich nicht, Ricki, wir wollten nämlich gerade eine Kuh kaufen.«

»Mörder!«, klang es im Chor der entfesselten Mütter. »Du spielst mit dem Leben unserer Kinder! Milch für unsere Kleinen! Milch! Milch! Milch!«

Die Diskussion eskalierte. Ricki der Verrückte bat ums Schlusswort. Bis morgen Mittag, so sagte er mit zitternder Stimme, hätte das Geld zur Stelle zu sein, auch wenn man zu diesem Zweck einige Kibbuzmädchen verkaufen müsste. Wenn nicht, würde es dem ganzen Kibbuz noch sehr, sehr leid tun.

In die Stille meldete sich abermals Schimon, mein langweiliger Cousin. Wie wäre es mit einem »Heiratsfonds«, in den künftig jeder Junggeselle zwischen fünfundzwanzig und fünfzig Pfund pro Braut einzuzahlen hätte, je nach Gewicht und anderen besonderen Merkmalen? Erlöst schloss der Vorsitzende die Versammlung. »Genossen«, sagte er, »das ist ein sehr vernünftiger Vorschlag. Ich möchte nur noch unseren Junggesellen raten, ihre Bräute möglichst unter den Kibbuzmädchen zu wählen. Oder wenn es schon unbedingt eine Braut von auswärts sein muss, dann wenigstens keine überbezahlte Schlampe.«

Herkules und die sieben Kätzchen

Wenn Tante Ilka mit einem Korb in der Hand auf der Schwelle unseres Hauses erscheint, muss man sich auf etwas gefasst machen. Und da hatte sie uns auch schon an ihren Busen gedrückt.

»Ihr meine lieben, lieben Kinder!«, sagte sie mit vor Rührung halb erstickter Stimme. »Wie lieb von euch, an meinen Geburtstag zu denken! So einen süßen Brief habt ihr mir geschrieben! Ihr seid schrecklich lieb zu eurer alten Tante!«

Wir wussten nicht, was wir sagen sollten. Ich meinerseits war ganz sicher, in der letzten Zeit keinen Brief geschrieben zu haben, geschweige denn einen süßen, und die ratlosen Blicke der besten Ehefrau von allen gaben mir zu verstehen, dass es sich bei ihr nicht anders verhielt.

»Schon gut, Tante«, murmelten wir einigermaßen verlegen. »Es ist nicht der Rede wert.«

Aber Tante Ilka blieb weich. »Nein, nein, nein. Ihr habt mich so glücklich gemacht, dass ich mich unbedingt erkenntlich zeigen muss.«

»Keine Ursache, Tante. Wirklich keine Ursache.«

»Natürlich kann sich eine alte, alleinstehende Frau wie ich keine kostbaren Geschenke leisten. Aber das hier wird euch sicherlich freuen.«

Und Tante Ilka zog aus ihrem Korb ein kleines, flaumiges Etwas hervor.

Eine junge Katze.

Wir standen da wie Lots Weib im Augenblick ihrer Salzwerdung. Eine Tafel Schokolade in Geschenkpackung – schön. Auch ein Erinnerungsalbum »Sadat in Jerusalem« hätten wir hingenommen. Aber eine Katze? Wer braucht Katzen? Wir hatten nicht die Absicht, einen Zoo einzurichten, und kein Bedürfnis nach einem noch so herzigen Kätzchen.

»Nein, Tante Ilka«, sagte ich mit aller mir zu Gebote stehenden Entschiedenheit. »Wir können dieses Geschenk nicht annehmen. Es ist zu wertvoll.«

Nichts half. Tante Ilka bestand auf ihrem Opfer. Sie hatte sich vorgenommen, uns eine Freude zu machen – und wir mussten sie uns machen lassen, ob es uns freuen würde oder nicht.

Seufzend gaben wir nach und erkundigten uns mit geheucheltem Interesse nach Alter und Geschlecht der Schenkung. Männlichen Geschlechts, lautete die Antwort. Eine Woche alt. Hört auf den Namen Herkules.

Fortan gehörte Herkules unserem Haushalt an, wuchs und gedieh und erwies sich im Übrigen als ein ungemein menschenfreundliches Tier. Es gab keinen Schoß im ganzen Haus, auf den er nicht sofort gesprungen wäre, wohlig schnurrend und mit seinem Dasein sichtlich zufrieden. Mäuse zu fangen, angeblich eine natürliche Beschäftigung des Katzengeschlechts, fiel unserem Herkules nicht ein. Als wir ihm einmal eine lebende Maus in die Milchschüssel setzten, erlitt er einen Nervenzusammenbruch und verkroch sich unterm Bett. Er war offenbar keine Wildkatze.

Und noch etwas anderes war er nicht.

»Wir überfüttern das Tier«, stellte ich fest. »Herkules wird zu dick.«

Die beste Ehefrau von allen stimmte mir bei und setzte ihn auf strenge Diät, hatte aber keinen Erfolg damit.

»Um Himmels willen!«, rief sie ein paar Tage später aus. »Herkules kriegt Junge!«

Er war, entgegen der Auskunft Tante Ilkas, kein Kater, ganz im Gegenteil und noch dazu schwanger.

Damit weckte er nun freilich die Muttergefühle meiner Gattin. Sie begann den fetten Transvestiten zu hegen und zu pflegen, umgab ihn mit weichem Linnen, übersiedelte seinen Wohnkorb in die Küche, damit er's schön warm hätte und sah dem freudigen Ereignis mit zärtlicher Anteilnahme entgegen.

»Wir werden zwei süße kleine Kätzchen haben …«, flüsterte sie. »Ein weißes und ein geflecktes …«

Eines Morgens, als wir in die Küche kamen, war das freudige Ereignis eingetreten, und zwar dergestalt, dass wir beinahe in Ohnmacht fielen.

Herkules hatte sieben Junge geworfen.

Es waren süße kleine Kätzchen, das ließ sich nicht leugnen, manche weiß und manche gefleckt und zahlreich wie der Sand am Meer. Aber was sollten wir mit sieben kleinen Kätzchen anfangen? Ertränken? Das brächten wir nicht übers Herz. Behalten? Das auch nicht. Also was?

Da hatte ich einen genialen Einfall.

»Wir werden sie verschenken!«

»Ja, aber mit welcher Begründung?«, fragte besorgt die beste Ehefrau von allen.

»Mit irgendeiner. Als Dank für einen Geburtstagsbrief oder so.«

Tags darauf erschienen wir beim Ehepaar Paschut, einen Korb in Händen, bedankten uns überschwänglich für all die vielen Freundlichkeiten, die Frau Paschut uns erwiesen hatte und händigten ihr ein neugeborenes Kätzchen aus.

»Nein«, stieß Frau Paschut hervor. »Wie komm ich dazu … danke … ich will nicht…« Ihr Protest stieß auf taube Ohren. Wir informierten Frau Paschut, dass es ein männliches Kätzchen namens Romeo war und empfahlen uns hastig.

Noch am gleichen Abend hörten wir an unserer Wohnungstür ein leises Kratzen. Draußen stand Mutter Herkules und hielt Klein-Romeo zwischen den Zähnen. Mit jenem untrüglichen Instinkt, den Katzen nun einmal ihr eigen nennen, hatte sie ihr Kleines aufgespürt und zurückgebracht, so dass sich in unserem Haus wieder sieben junge Kätzchen befanden.

Am nächsten Tag ergriff ich das kräftigste von ihnen, bestieg einen städtischen Omnibus und verließ ihn ohne Kätzchen. Da waren's nur noch sechs.

Dabei blieb es zwei Tage lang. Dann vernahm ich aus der Küche die Stimme meiner Frau. Sie zählte.

»Eins – zwei – drei – vier – fünf – sechs – sieben«, zählte sie.

Ich erbleichte. Was immer man dem Mutterinstinkt einer Katze zutrauen mochte – das ging zu weit. Die Paschuts wohnten schließlich ganz in unserer Nähe. Aber dass eine Katze zur Omnibuszentrale ging und aus dem Fundbüro ihr verlorenes Kind abholte – nein, so etwas gab es nicht.

Es lag auch nichts dergleichen vor. Ein Blick in die Katzenwiege belehrte mich, dass es sich bei dem siebenten Baby um ein Findelkind handelte, um einen schokoladebraunen Stiefsohn. Offenbar hatte sich Herkules ein Beispiel an der siegreichen Roten Armee genommen, der die Identität ihrer Gefangenen völlig gleichgültig ist, wenn nur die Anzahl stimmt. Entwischt ein Gefangener – macht nichts, dann schnappt man eben den nächstbesten Fußgänger, der des Weges kommt, und die Liste ist wieder aufgefüllt.

Die sieben Kätzchen wuchsen mit unglaublicher Schnelligkeit heran und terrorisierten das ganze Haus. Man konnte sich nirgends hinsetzen, ohne dass von unterhalb ein schriller Schmerzenslaut ertönte. Das brachte mich abermals auf einen genialen Einfall.

»Wir werden der Tante Ilka zum Zeichen unserer Liebe und Dankbarkeit das Geschenk zurückbringen!«

»Die komplette Garnitur?«

»Nein. Nur Herkules.«

Und so geschah es. Wir gratulierten Tante Ilka zur Genesung, von der sie nichts wusste, umarmten sie stürmisch und übergaben ihr den stattlichen Kater Herkules, den sie noch gekannt hatte, als er so klein war. Ich schilderte in bewegten Worten, wie sehr sich

Herkules nach ihr gesehnt und wie er sich buchstäblich das Herz aus dem Leib miaut hatte. Herkules sprang denn auch prompt auf Tante Ilkas Schoß, wo er wohlig zu schnurren begann. Tante Ilka schmolz. Wir standen noch ein paar Sekunden gerührt daneben und entfernen uns winkend.

Donnerstag verschwanden zwei von den sieben Kätzchen, Freitag drei, Sonntag war keines mehr da. Herkules hatte sie alle abgeholt. So triumphierte wieder einmal menschlicher Erfindungsgeist über die rohen Kräfte der Natur.

Nehmen Sie Platz

Eines heißen Sommertages bekam mein Schwiegervater Bernhard, ein alter Zionist, der erst kurz zuvor nach Israel gekommen war, ein Empfehlungsschreiben an die städtische Wohnungsbaugenossenschaft mit der Bitte, ihm eine Wohnung zu beschaffen und ihm womöglich nicht mehr zu berechnen als den üblichen Mietpreis.

Auf Wunsch meines Schwiegervaters ging ich selbst auf das Amt. Man schickte mich auf Zimmer 314 zu einem Herrn Cheschwan.

Zimmer 314 war leer. Im Nebenzimmer erfuhr ich, dass Herr Cheschwan gerade eine Besprechung mit Herrn Stern hätte, aber jeden Augenblick zurückkommen müsste. Ich sollte solange Platz nehmen. Ich nahm Platz. Ich saß eine Weile. Ich ging eine Weile auf und ab. Ich nahm abermals Platz. Dann öffnete sich die Tür. Ein Mann steckte den Kopf herein und fragte: »Wo ist Cheschwan?«

»Er ist in einer Besprechung mit Stern«, sagte ich. »Nehmen Sie Platz.«

Der Mann schien es eilig zu haben, denn er verschwand wortlos. Wenige Minuten später erschien ein anderer Mann, offensichtlich ein Beamter und sah sich nervös im Zimmer um.

»Seien Sie nicht nervös«, beruhigte ich ihn. »Cheschwan ist in einer Besprechung mit Stern, aber er muss jeden Augenblick zurückkommen. Nehmen Sie Platz.«

»Keine Zeit. Wenn Cheschwan zurückkommt, bestellen Sie ihm bitte, dass Mayer ihn zu einer dringenden Besprechung erwartet. Er soll sofort kommen.«

»In Ordnung«, sagte ich.

Eine knappe Viertelstunde war vergangen, als wieder ein Beamter hereinkam und fragte: »Wo ist Kirschner?«

»Er war gerade hier«, antwortete ich. »Wenn Cheschwan von Stern zurückkommt, schicke ich ihn sofort hinüber. Nehmen Sie Platz.«

»Danke. Wissen Sie zufällig, ob er schon etwas wegen des Wohnbauprojektes Ramat Aron unternommen hat?«

»Das ist sehr wahrscheinlich«, sagte ich.

»Dann nehme ich die Mappe gleich mit. Wenn er nach Feintuch fragt, sagen Sie ihm, dass ich eine Besprechung mit Mayer habe.«

Einige Sekunden später stand Kirschner atemlos vor mir: »Wo ist die Mappe Ramat Aron? Der Alte wird tobsüchtig, wenn sie nicht sofort auftaucht.«

»Um Himmels willen«, rief ich. »Vor einer Minute hat Feintuch die Mappe zum Alten mitgenommen.«

»Und wo ist Cheschwan?«

»Er konferiert noch immer mit Stern. Ich warte hier auf ihn.«

»Gut«, meinte Kirschner. »Wenn das so ist, dann legen Sie doch bitte den Goldberg-Plan in die Givath-Seren-Mappe!«

»Mit Vergnügen«, sagte ich, übernahm die Papiere,

suchte in den Regalen die Mappe Givath Seren heraus und legte den Goldberg-Plan hinein. Kaum war das erledigt, als Feintuch ins Zimmer stürzte.

»Was machen Sie denn hier?«, stieß ich unbeherrscht hervor, denn jetzt verlor ich langsam die Geduld. »Warum sind Sie noch nicht in der Besprechung? Wo doch der Alte ohnehin so schlecht gelaunt ist.«

»Ich bin ja schon unterwegs. Ich wollte mir nur den Goldberg-Plan abholen.«

»Wozu brauchen Sie gerade jetzt den Goldberg-Plan, Feintuch? Ich habe ihn eben erst in die Givath-Seren-Mappe gelegt. Soll ich ihn vielleicht wieder hervorkramen? Das ist doch unglaublich. Alle nutzen mich aus. Und ich Idiot lasse mich ausnutzen.«

Feintuch war sichtlich verwirrt. »Ich wollte den Goldberg-Plan ja nur für Mayer haben«, stotterte er entschuldigend. »Was halten Sie übrigens von dem Plan?«

»Nicht schlecht. Aber ich wüsste gern, was der Alte dazu sagt.«

Feintuch nahm den Plan an sich, um ihn an Mayer weiterzugeben. Bevor er ging, sagte er mir noch, dass der Alte es sehr gerne sähe, wenn ich die Liste der Mieter des Wohnbauprojektes durchginge und für Stern einen Bericht darüber schriebe.

Ich machte mich sofort an die Arbeit.

Während ich die Liste noch überprüfte, erschien Feintuch: Ich möchte sofort zu Mayer kommen. »Als ob ich vier Paar Hände hätte, wie?«, bemerkte ich, raffte die Akten zusammen und ging zum Alten. Mayer wollte meine Meinung über die architektonischen

Qualitäten des Projektes Ramat Aron hören. Ich erklärte ihm, dass die Häuser zu nahe beieinander stünden und die Fenster zu klein wären. Kirschner stammelte: »Immer dasselbe«, sagte er. »Um so schlimmer«, gab ich scharf zurück. Und das sei nur ein weiterer Beweis dafür, dass es so nicht weitergehen könne.

Der Alte gab mir hundertprozentig recht, versetzte Kirschner in eine andere Abteilung – der wird mich jetzt mit seinem Hass verfolgen, dachte ich – und erteilte mir den Auftrag, das Ramat-Aron-Projekt zu übernehmen. Ich schickte sofort nach Feintuch und verlangte einen genauen Bericht innerhalb vierundzwanzig Stunden. Dann bestellte ich einen Wagen, fuhr nach Ramat Aron hinaus, führte ein ausführliches Gespräch mit dem Architekten, prüfte die Pläne und nahm ein paar kleine Verbesserungen vor. Dann fuhr ich ins Büro zurück.

Dort erwartete man mich bereits aufgeregt. Kirschner, der mir meinen meteorhaften Aufstieg neidete, hatte gegen mich intrigiert. Er wurde leichenblass, als Feintuch auf mich zukam und mir mitteilte, dass Stern persönlich mich zu einer dringenden Besprechung erwarte.

Ich gab Stern einen detaillierten, vertraulichen Bericht über den Stand des Projektes und sparte nicht mit kritischen Bemerkungen über das langsame Arbeitstempo.

»Aber Sie müssen einsehen, Stern«, sagte ich abschließend, »dass ich ohne die entsprechende Autorität keine Verantwortung übernehmen kann.«

Stern sah das ein, berief sofort eine außerordentliche Sitzung und gab bekannt, dass er mich zu seinem Vertreter ernannt hätte. Mayer machte ein paar schäbige Bemerkungen über meine relativ kurze Dienstzeit, aber Stern war an diese Intrigen gegen mich bereits gewöhnt, drückte mir zum Abschied demonstrativ die Hand und sprach mir, für alle hörbar, sein ganz besonderes Vertrauen aus.

Als ich in mein Büro kam, um noch rasch einmal die Akten Givath Seren durchzusehen, begegnete ich einem neuen Mann. Mayer stellte ihn mir vor. Es war Herr Cheschwan, den ich sofort mit einer wichtigen Aufgabe betraute.

»Ich bin gewiss kein Pedant«, sagte ich ihm, »aber ich verlange pünktliche und gewissenhafte Arbeit. Besonderen Wert lege ich darauf, dass meine Leute während der Bürostunden, also während das Publikum Zutritt zu den Amtsräumen hat, an keinen Besprechungen teilnimmt. Es könnten sonst die merkwürdigsten Situationen entstehen.«

Nachdem ich meinem Schwiegervater einen kompletten Wohnblock in Ramat Aron zugewiesen und mir einen kleinen Vorschuss auf mein Gehalt angewiesen hatte, machte ich Feierabend. Seit diesem Tag arbeite ich im Zentralbüro der Wohnbaugenossenschaft. Sprechstunden täglich von 11 bis 13 Uhr, Zimmer 314. Wenn Sie mich in meinem Zimmer nicht antreffen, dann bin ich gerade in einer Besprechung. Nehmen Sie Platz.

Ja, Mama

Mama: Hallo! Wer da?

Prof. A. Kishon: Amir, shalom.

Mama: Großer Gott, was ist denn passiert?

Prof. A. Kishon: Nichts, Mama, alles in Ordnung. Ich habe nur ein paar Unterlagen zu Hause vergessen. Und zwar mein Konzept für ein Referat über die Veränderung flüssiger Körper unter dem Einfluss kosmischer Bestrahlung. Wahrscheinlich liegt es auf meinem Schreibtisch.

Mama: Ich hab's doch gewusst, dass du was vergessen würdest. Du bist immer so zerstreut, mein Lieber. Ich möchte nur wissen, wozu du deinen Kopf eigentlich mitgenommen hast.

Prof. A. Kishon: Mama, ich bin in Eile, ich muss zurück zur Sitzung. Montag bin ich an der Reihe, ich brauche das Referat dringend.

Mama: Warum bist du so heiser?

Prof. A. Kishon: Heiser?

Mama: Amir, erzähl mir nicht, dass du nicht heiser bist, wo ich's doch selber höre. Du hast wieder kaltes Wasser getrunken. Warst du schon beim Arzt?

Prof. A. Kishon: Ich brauche keinen Arzt. Bitte, Mama, schau, dass du das Referat findest. Vielleicht schreibst du dir's auf: »Veränderung flüssiger Körper ...«

Mama: Mach dir einen heißen Wickel, wenn du

schlafen gehst und versuch zu schwitzen, dann bist du morgen wieder gesund.

Prof. A. Kishon: Ja, Mama, aber …

Mama: »Ja, Mama, ja, Mama« und dann geht er hin und tut doch, was ihm passt. Als ob man einem Tauben predigte. Wenn dein Vater Halsweh hat oder Rückenschmerzen, schluckt er ein Pulver. Hast du wenigstens eine warme Bettdecke?

Prof. A. Kishon: Ja, Mama, ich habe alles, was ich brauche. Aber dieses Referat …

Mama: Verlang eine Daunendecke. Sag den Leuten, ich hätte es gesagt. Und lauf nicht ohne Schal herum.

Prof. A. Kishon: Um Himmels willen, Mama, hier ist es heiß wie …

Mama: Ja und nachts wird es dann kalt! Du weißt doch, wie anfällig du bist. Ich frage mich nur, von wem du das hast. Ich war mein Leben lang nicht einen Tag krank und auch dein Vater ist beinahe kerngesund. Iss ja keine rohe Salami! Hörst du, Amir?

Prof. A. Kishon: Ja, Mama.

Mama: Ich mach mir wirklich Sorgen um dich. Ich hätte dich nicht weglassen dürfen um diese Jahreszeit. Wann kommst du zurück?

Prof. A. Kishon: In circa zehn Tagen.

Mama: Warum so spät?

Prof. A. Kishon: Ich muss noch nach London zu einer Nuklearkonferenz, um die Welt vor einer Atomkatastrophe zu bewahren.

Mama: Musst du da unbedingt hin?

Prof. A. Kishon: Ich bin der Vorsitzende.

Mama: Dein Vater hat vierzig Jahre lang zu Hause an seinem Schreibtisch gesessen und war glücklich dabei. Kannst du denn nicht einmal absagen?

Prof. A. Kishon: Ich habe eine persönliche Einladung von der Königin.

Mama: Dann zieh dich anständig an. Nicht die graue Hose, die beult an den Knien immer so aus. Und vergiss nicht, dich zu verbeugen und »Euer Majestät« zu sagen, man sagt nicht einfach »Hallo« zu einer Königin. Die Königin soll nicht denken, ich hätte dich schlecht erzogen, hörst du, Amir?

Prof. A. Kishon: Gewiss, Mama.

Mama: Ich bin sicher, du träumst wieder mit offenen Augen. Gibt's da, wo du bist, fließendes Wasser?

Prof. A. Kishon: Also, Mama …

Mama: Dann wasch dich und vergiss nicht, täglich die Unterwäsche zu wechseln.

Prof. A. Kishon: Natürlich, Mama.

Mama: Gut. Aber ich wollte dir noch was sagen. Was war das denn nur? Erst gestern sagte ich zu deiner Tante Sabina: »Das muss ich dem Jungen erzählen, das interessiert ihn bestimmt.« Was war das nur?

Prof. A. Kishon: Beim nächsten Mal ist dir's sicher wieder eingefallen …

Mama: Unterbrich mich nicht. Stell dir vor: Herr Jacobsohn, du weißt doch, der nette, seriöse Herr von nebenan, er wurde zum Mitglied des Einwohnerrats gewählt als Nachfolger von Herrn Grossmacher, der zu seiner Tochter nach Brasilien gezogen ist. Sie soll wieder schwanger sein. Jetzt sind wir natürlich alle mächtig stolz auf Herrn Jacobsohn. Er ist immerhin noch ein recht junger Mensch, ungefähr in deinem Alter – und schon im Einwohnerrat! Das ist eine große Ehre, nicht wahr? Ich denke, du solltest ihm mit ein paar Zeilen gratulieren und ihm ein Geschenk aus Amerika mitbringen, am besten etwas aus Plastik. Aber wie ich dich kenne, vergisst du auch das.

Prof. A. Kishon: Ja, Mama.

Mama: Du hörst mir ja überhaupt nicht zu, Amir. Schreib's dir lieber auf, du behältst ja nichts. Also: »Herr Jacobsohn, Strich, Plastikgeschenk.« Hast du das?

Prof. A. Kishon: Ja, Mama.

Mama: Gut und jetzt geh wieder zu deinen Freunden. Und sei höflich zu allen. Und wenn jemand mit dir spricht, schau ihm in die Augen und nicht an die Decke.

Prof. A. Kishon: Natürlich, Mama.

Mama: Schön, dass du angerufen hast. Wolltest du was Bestimmtes?

Prof. A. Kishon: Ich? Ah … nicht dass ich wüsste …

Mama: Hör auf zu stottern. Also, mach's gut, mein Junge und denk dran, Mama liebt dich, auch wenn du ein bisschen schlampig bist.

Prof. A. Kishon: Danke, Mama. Adieu.

Mama: Dein Schal!

Besuchszeiten:
Montag und Donnerstag

Meine Tante Ilka, eine liebenswerte alte Dame, stieß vor einigen Jahren, als sie gerade mit der Säuberung ihres Fußbodens beschäftigt war, einen leisen Pfiff aus und konnte sich nicht mehr aufrichten. Ihr Meniskus oder etwas dergleichen hatte Schaden genommen und Tante Ilka musste ins Krankenhaus gebracht werden, wo man sie in der Abteilung 14 unterbrachte.

Kaum untergebracht, trug Tante Ilka der Oberschwester auf, uns alle telefonisch ans Krankenlager zu berufen und uns an ihre, Tante Ilkas, Vorliebe für Käsebrötchen zu erinnern, die im Krankenhaus nur bei schweren Herzattacken verabreicht würden.

Der Familienrat entschied, dass ich der richtige Mann für diesen Auftrag sei. Man händigte mir ein Paket mit in Asche gebackenen Käsebroten aus und bald darauf stand ich vor der doppelten Stacheldrahtumzäunung, die das Krankenhaus umgab.

Das eiserne Tor war geschlossen. Erst nach längerem höflichen Klopfen erschien ein stämmiger Portier und sagte: »Besuchszeiten Montag- und Donnerstagnachmittag von 14.45 Uhr bis 15.50 Uhr.«

»Danke sehr«, sagte ich. »Aber jetzt bin ich schon hier.«

»Lieber Herr«, sagte der Türhüter, »es liegt im Interesse der Patienten. Besuche regen sie auf und verzögern den Heilungsprozess. Stellen Sie sich doch vor, was geschehen würde, wenn wir pausenlos Besuche einließen.«

»Sie haben vollkommen recht«, sagte ich, »das wäre schrecklich. Und jetzt lassen Sie mich bitte hinein.«

»Nein«, sagte er. »Ich habe strenge Anweisung. Sie betreten das Gebäude nur über meine Leiche.«

»Das möchte ich nicht. Ich möchte zu meiner Tante Ilka.«

»Nichts zu machen. Aber um 14 Uhr werde ich abgelöst. Vielleicht haben Sie bei meinem Nachfolger mehr Glück.«

Der Mann war nicht nur ein Fanatiker, er war auch noch stolz darauf. Ich wandte mich ab, Hass im Herzen und zornige Flüche auf den Lippen.

»Mögen alle hier vertretenen Krankheiten dich gleichzeitig heimsuchen, du tobsüchtiger Maniake!«, fluchte ich. »Und wenn du zerspringst: Ich komme zu Tante Ilka hinein.«

Etwas später klopfte ich wieder an das Eingangstor und sagte dem neuen Portier: »Ich bin von der Redaktion der ›Jerusalem Post‹ und soll einen Artikel über Ihr Krankenhaus schreiben.«

»Einen Augenblick«, sagte der Torhüter II. »Ich rufe Dr. Gebennehmer.«

Dr. Gebennehmer, ein ausnehmend höflicher Mann, bot sich sofort an, mir das Institut zu zeigen.

»Vielen Dank, Herr Doktor«, sagte ich. »Aber ich finde mich lieber selbst zurecht. Das ist die neue Reportertechnik, wissen Sie, unmittelbare Eindrücke sammeln. Machen Sie sich bitte keine Mühe.«

»Es macht mir gar keine Mühe. Es ist mir ein Vergnügen.« Dr. Gebennehmer schob freundlich seinen Arm unter den meinen.

»Außerdem brauchen Sie gewisse fachliche Informationen. Kommen Sie.«

Er schleppte mich durch die Abteilungen 11, 12 und 13 und sprach dabei sehr anregend über die Hauptaufgabe der Presse, dem Publikum besseres Verständnis für die Medizin im Allgemeinen und für das Gebaren der Krankenhäuser im Besonderen beizubringen. Ich nickte und machte mir von Zeit zu Zeit Notizen, etwa des Wortlauts: »Eins bis drei und vier bis sechse, Großmama war eine Hexe« oder etwas Ähnliches, meistens Gereimtes.

Die vorbildliche Ordnung, die in sämtlichen Abteilungen herrschte, wurde nur durch die Unzahl der Besucher ein wenig gestört. Im Durchschnitt saßen zwei komplette Familien an jedem Bett.

»Dabei ist gar keine Besuchszeit«, erklärte Dr. Gebennehmer. »Ich weiß wirklich nicht, wie alle diese Leute hereingekommen sind.«

»Macht nichts, macht nichts«, beruhigte ich ihn.

Plötzlich klang aus einem der Betten die Stimme einer alten Dame an mein Ohr.

»Hallo, Feri! Hast du den Käs mitgebracht?«

Es war eine eher peinliche Situation. Dr. Gebennehmer sah mich mit einem unangenehm fragenden Gesichtsausdruck an.

»Schalom, Tante Ilka!«, rief ich aus. »Was für ein fantastischer Zufall!«

»Zufall? Hat die Schwester nicht angerufen? Wo ist der Käs?«

Ich übergab ihr rasch das Paket und versuchte Dr. Gebennehmer davon zu überzeugen, dass ich immer ein Paket mit Käsebroten bei mir trüge, aber er zuckte nur wortlos die Schultern und ging.

Tante Ilka verzehrte den Inhalt des Pakets in bemerkenswert kurzer Zeit und bestellte für den nächsten Tag eine Ladung Pfefferminzbonbons. Auch meine Schwiegereltern sollte ich mitbringen. Und natürlich meine Frau. Als ich zaghaft einwarf, dass morgen keine Besuchszeit wäre, deutete Tante Ilka mit einer vielsagenden Geste auf das Gewimmel im Raum und schickte mich nach Hause.

Wir gingen sofort an die Arbeit. Meine Schwiegermutter nähte auf ihrer Maschine kleine weiße Schwesternhauben, dann holte sie von ihrem Friseur drei weiße Kittel, schließlich bastelten wir mit Hilfe zweier Besenstiele eine Tragbahre. Das war alles, was wir brauchten.

Am nächsten Tag brachte uns ein Taxi in die Nähe des Krankenhauses, wo wir unsere Verkleidung anlegten. Meine Frau wurde auf Patrouille geschickt und meldete, dass der Tobsüchtige von gestern, den ich ihr genau geschrieben hatte, jetzt wieder das Tor bewachte. Ich nahm auf der Tragbahre Platz und wurde mit einem weißen Leintuch zugedeckt. Die Schwiegereltern trugen mich, meine Frau hielt mir die Hand und

47

befeuchtete von Zeit zu Zeit meine fiebrig vertrockneten Lippen. Die Invasion glückte. Der maniakische Bulle fiel auf unseren primitiven Trick herein und ließ uns glatt passieren.

Aus Sicherheitsgründen machten wir einen Umweg durch mehrere andere Abteilungen. Als Abteilung 14 in Sicht kam, riss jemand mein Leintuch zurück.

»Sie sind schon wieder da?«, brüllte Dr. Gebennehmer. »Sie sind wohl wahnsinnig?«

»Jetzt ist nicht der Augenblick zum Scherzen«, sagte ich gepresst. »Ich sterbe.«

»Was ist geschehen?«

»Eine Schlange hat mich gebissen.«

Dr. Gebennehmer erbleichte und zog mich persönlich in sein Ordinationszimmer. Gerade, dass ich die Pfefferminzbonbons noch an die beste Ehefrau von allen weitergeben konnte.

»Rasch«, flüsterte ich, »und küsst Tante Ilka von mir.«

Die andern machten sich aus dem Staub und ließen mich in Dr. Gebennehmers Klauen. Dr. Gebennehmer hantierte bereits an seinen Spritzen und Phiolen herum und kündigte an, dass er mich jetzt mit Curare vollpumpen werde, dem einzigen zuverlässigen Antitoxin gegen Schlangengift. Mir wurde ein wenig unbehaglich zumute. Mehr als das: Ich begann mich zu fragen, ob ich mich hier wirklich malträtieren und vielleicht vergiften lassen müsse, nur weil Tante Ilka vor ihrer Operation unbedingt Pfefferminzbonbons lutschen wollte? Ich beantwortete diese Frage mit

Nein, war mit einem Satz aus dem Zimmer draußen, rannte in den Hof und sprang auf einen der Trolleywagen, die zwischen den einzelnen Abteilungen verkehrten.

»Los!« zischte ich dem Fahrer zu. »Egal wohin! Fahren Sie!«

In einer entfernten Abteilung mischte ich mich unter die Besucher und entkam.

Am Abend stieß ich wieder zu meiner Familie. Tante Ilka, so hörte ich, wäre in bester Verfassung und nur etwas beleidigt, weil ich sie nicht besucht hatte. Sie wünschte sich Schweizer Illustrierte. Meine Schwiegereltern schlugen vor, einen Schacht unter den Stacheldraht zu graben. Aber das hätte mindestens drei Tage in Anspruch genommen und so lange konnten wir Tante Ilka unmöglich ohne Besuch und ohne Illustrierte lassen. Andererseits konnten wir jetzt keine Kollektivbesuche mehr riskieren, sondern mussten uns mit Einzelaktionen begnügen. Also warf ich mich am nächsten Tag wieder in den Friseurmantel, der am Rücken zugeknöpft wurde und vollendete meine Kostümierung mit einer dicken Brille und einer Zuckerbäckermütze.

Am Krankenhaustor stand wieder der bullige Maniake. Rasch band ich mir ein Taschentuch vors Gesicht, ging in teutonischem Stechschritt an ihm vorbei und ließ ein scharfes »Jawoll« hören, worauf er die Hacken zusammenschlug. Ich stelzte inspizierend durch die Abteilungen 11 und 12 und näherte mich der Abteilung 13, als ich mich am Arm gepackt fühlte.

»Gott sei Dank, dass Sie hier sind, Herr Professor! Kommen Sie schnell! Eine dringende Operation …«

»Bedaure, Dr. Gebennehmer«, murmelte ich hinter meiner Maske hervor, »ich bin außer Dienst.«

»Aber es ist ein dringender Fall, Herr Professor!«

Dr. Gebennehmer zerrte mich in den Operationssaal und ehe ich wusste, wie mir geschah, hatte ich mir die Hände gewaschen und stand unter den Halogenleuchten. Da wurde auch schon die Pritsche mit dem Patienten hereingerollt.

»Hast du die Schweizer Illustrierten mitgebracht?«, fragte Tante Ilka.

»Sie halluziniert bereits«, sagte Dr. Gebennehmer und versetzte Tante Ilka eilig in den Zustand der Bewusstlosigkeit.

Auch ich fühlte mich einer Ohnmacht nahe. Schließlich hatte ich noch nie einen Meniskus operiert, schon gar nicht an meiner eigenen Tante.

Als die Operationsschwester mich fragte, ob ich ein kleines oder ein großes Skalpell wünsche, wandte ich mich in plötzlichem Entschluss zu Dr. Gebennehmer.

»Bitte übernehmen Sie.«

Dr. Gebennehmer errötete vor Stolz und Freude. Es war das erste Mal, dass ein Professor ihm freie Hand für eine Operation ließ und er begann sofort, Tante Ilkas Knie aufzuschneiden. Das Gefühl, das dabei in mir hochstieg, glich jenem, mit dem ich gelegentlich in unserer Küche das Tranchieren von Hühnerschenkeln beobachtete, obwohl ich sie dann ganz gern esse, am liebsten mit Gurkensalat.

»Entschuldigen Sie«, sagte ich mühsam und verließ ein wenig taumelnd den Operationssaal. Draußen nahm ich sofort die Maske ab, um Atem zu holen. In diesem Augenblick kam der maniakische Portier vorbei, klopfte mir freundlich auf die Schulter und sagte:

»Sehen Sie – heute können Sie Ihre kranke Tante besuchen!«

Ich hatte vollkommen übersehen, dass es Donnerstag war und kurz nach 15 Uhr. Eigentlich hätte mir das auffallen müssen. Es war nämlich kein einziger Besucher im ganzen Krankenhaus.

Kostenlose Reklame

Der Chefredakteur des beliebten Wochenmagazins »Die glückliche Familie« bestellte den Leiter der Literatur- und Sportrubrik zu sich.

»Ziegler«, sagte er, »unser beliebtes Wochenmagazin wird immer langweiliger. Wenn das so weitergeht, verkauft man es demnächst in den Apotheken als Schlafmittel. Haben Sie einen zwanzig Zeilen langen Witz auf Lager?«

»Jawohl«, antwortete Ziegler und brach in einen vorsorglichen Lachkrampf aus. »Zufällig habe ich gestern Abend eine zum Brüllen komische Geschichte gehört. Der Buchhalter Zungspitz kommt zum Chef und sagt: ›Herr Chef, ich möchte zum Begräbnis meiner Schwiegermutter gehen.‹ Sagt der Chef: ›Wissen Sie was, Zungspitz? Ich auch!‹ Sie verstehen. Auch der Chef möchte seine Schwiegermutter gerne begraben. Köstlich, was?«

»Eine alte, idiotische Geschichte. Außerdem haben wir sie schon mindestens zweimal gebracht. Allerdings … man könnte sie vielleicht einer bekannten Persönlichkeit zuschreiben. Einem Künstler, einem Schauspieler, einem Schriftsteller oder etwas Ähnliches. Halt. Da fällt mir ein, dass Tolaat Shani erst vorgestern mit seinem Stück erbärmlich durchgefallen ist …«

»Aber der wird sich doch ärgern, wenn wir ihm jetzt diese Geschichte anhängen!«

»Ärgern? Wir bringen ja seinen Namen ins Gespräch! Wir machen Reklame für ihn! Sie als Literaturredakteur sollten wissen, wie eitel dieses Literatenpack ist.«

In der nächsten Ausgabe des beliebten Wochenmagazins »Die glückliche Familie« stand in der beliebten Rubrik »Leute, Launen, Lacher« folgende Geschichte:

»Jizchak Tolaat Shani, der vielversprechende Dramatiker, stellte unter Beweis, dass sein Humor durch die erfolglose Premiere seines jüngsten Bühnenwerks nicht beeinträchtigt wurde. Als er am nächsten Tag, wie es seine alte journalistische Gewohnheit ist, in der Halle des Parlamentsgebäudes auf Neuigkeiten wartete, trat der Fahrer seines draußen wartenden Autos auf ihn zu.

›Herr Tolaat Shani, ich möchte zum Begräbnis meiner Schwiegermutter gehen.‹

Prompt erfolgte die schlagfertige Antwort: ›Wissen Sie was, Zungspitz? Ich auch.‹

Die Umstehenden, darunter einige prominente Politiker der Koalition, quittierten die geistreiche Bemerkung mit lautem, anhaltendem Gelächter.«

Der Schriftsteller Tolaat Shani gehörte nicht zu den ständigen Lesern des beliebten Wochenmagazins »Die glückliche Familie«. Infolgedessen blieb ihm tagelang unklar, warum seine Bekannten ihm auf der Straße in weitem Bogen auswichen. Ein Brief seiner Schwiegermutter, mit russischen Schmähungen gespickt, klärte ihn auf. »Du hässliche Kröte«, hieß es da unter anderem, »dass Du keinen Respekt vor der Mutter

Deines Eheweibs hast, wusste ich sowieso. Aber dass Du mich auch noch in aller Öffentlichkeit lächerlich machst – das hätte ich nicht einmal Dir zugetraut, Du Missgeburt.«

Man kann sich denken, dass Tolaat Shani alles daransetzte, um den blamablen Eindruck seines dummen Witzes, der in Wahrheit gar nicht der seine war, zu verwischen. In seinem Stammcafé ging er von einem Tisch zum andern, schwor Stein und Bein, dass er den zitierten Ausspruch niemals getan hätte, dass ihm nichts ferner läge, als in der Parlamentshalle herumzulungern, dass er keinen Wagen besäße, geschweige denn einen Fahrer und dass er keinen Menschen namens Zungspitz kenne. Es half nichts. Niemand glaubte ihm. Wo es Rauch gibt, muss es bekanntlich auch Feuer geben. An der Geschichte wird schon etwas dran sein. Sonst hätte ein so seriöses Wochenmagazin wie »Die glückliche Familie« sie nicht gedruckt.

Besonders erzürnt war man über das Raffinement, mit dem Tolaat Shani – auf dessen Betreiben der Abdruck zweifellos zurückging – prominente Politiker in seine läppische Geschichte einbezogen hatte. Und womöglich noch größerer Zorn richtete sich gegen den Chefredakteur, der – sei's aus Schwäche, sei's aus Korruption – der unverschämten Reklamesucht dieses Schreiberlings Vorschub geleistet hatte.

Tolaat Shani tat, was Ehre und Redlichkeit ihm zu tun geboten: Er suchte einen Rechtsanwalt auf.

»Lesen Sie!«, sagte er und übergab Dr. Shay-Sheinberger die betreffende Ausgabe des Wochenmagazins

»Die glückliche Familie«. Der Rechtsanwalt las und brach in dröhnendes Gelächter aus.

»Ausgezeichnet! Ich wusste gar nicht, dass Sie so witzig sind!«

»Herr«, antwortete Tolaat Shani, ein im Übrigen eher ernsthafter und trockener Mann, »ich respektiere meine Schwiegermutter und würde sie niemals wissentlich kränken.«

»Nicht? Warum machen Sie dann so blöde Witze?«

Nachdem Tolaat Shani seinem Anwalt die Situation erklärt hatte, riet dieser ihm zu einer Verleumdungsklage, gab jedoch zu bedenken, dass in solchen Prozessen der Kläger am Ende meistens der Verlierer sei, weil die Richter in der Zwischenzeit vergessen, um was es sich überhaupt handelt. Deshalb empfahl Dr. Shay-Sheinberger, an den Chefredakteur der »Glücklichen Familie« einen scharf gehaltenen Brief zu richten:

»Mit Empörung las ich in Ihrem Blatt die alte, abgestandene Anekdote, die Sie ohne mein Wissen und ohne meine Erlaubnis mir zugeschrieben haben. Ich fordere Sie hiermit zu einer unverzüglichen moralischen Wiedergutmachung auf, und zwar sowohl für mich wie für meine Schwiegermutter, die sich bester Gesundheit erfreut und zu der wir beide, meine Frau und ich, im denkbar harmonischsten Familienverhältnis stehen. Ich fordere Sie ferner auf, in der nächsten Ausgabe Ihres Blattes eine entsprechende Entschuldigung zu veröffentlichen. Andernfalls würde ich mich genötigt sehen …«

»Da haben Sie ja etwas Schönes angerichtet, Ziegler«, begann der Chefredakteur mit übertrieben vorwurfsvoller Stimme. »Tolaat Shani verlangt eine Entschuldigung von mir.«

Ziegler begann zu stottern.

»Ich habe Ihnen ja gesagt, dass er sich ärgern wird.«

»Ärgern? Was reden Sie?« Die jahrzehntelange Berufserfahrung des Chefredakteurs kam vollends zum Durchbruch. »Er ist außer sich vor Freude, der schäbige Publicityjäger! Merken Sie denn nicht, dass es ihm auf nichts anderes ankommt? Aber so sind diese Literaten. Man verschafft ihnen ein wenig Reklame – schon kommen sie gerannt und wollen noch mehr! Ganz gleich, was man über sie schreibt und wie man schreibt. Hauptsache, ihr Name wird genannt.«

»Diese verlogene Bande!«, bestätigte Ziegler.

»Ganz richtig. Aber so sind die nun einmal. Ich werde also eine Art Entschuldigung schreiben, am besten einen fingierten Brief im Namen Tolaat Shanis. Den hätte er eigentlich selbst schreiben können, der Patzer. Na schön. Bringen Sie mir das ›Schatzkästlein des Humors 1929‹, Ziegler.«

In einer dunklen Ecke seines Stammcafés saß Tolaat Shani und hielt die jüngste Ausgabe der »Glücklichen Familie« in Händen. Dieselben zitterten. Denn er las Folgendes:

»Als treuer Leser Ihres ausgezeichneten Magazins möchte ich Sie wissen lassen, mit welchem Vergnügen ich die köstliche Anekdote über meine Schwiegermutter gelesen habe. Herzlichen Glückwunsch. Aus Gründen der Fairness muss ich mich allerdings bei Ihnen entschuldigen. Ich bin leider nicht der Urheber der außergewöhnlich witzigen Bemerkung, die Sie mir zuschreiben. Wie sollte ich auch im Zusammenhang mit meiner Schwiegermutter an ein Begräbnis denken? Sie ist, Gottlob, gesund wie ein Pferd. Außerdem kocht sie mir immer meine Lieblingsspeisen. In diesem Zusammenhang darf ich Ihnen, hochverehrter Herr Chefredakteur, eine kleine Geschichte erzählen, die sich vor Kurzem bei uns ereignet hat. In einer Tierhandlung, an der ich zufällig vorbeikam, erregte ein großer, wunderschöner Papagei meine Aufmerksamkeit. Nach Auskunft des Ladenbesitzers war er hervorragend abgerichtet und konnte Sätze in sieben Sprachen sprechen. Ich entschloss mich, den kostbaren Vogel zu kaufen und ließ ihn in unser Haus bringen. Unglücklicherweise erwartete meine Frau zur gleichen Zeit ein Brathuhn, das sie bei unserem Geflügelhändler fürs Abendessen bestellt hatte. Das Verhängnis nahm seinen Lauf und der Papagei beendete sein Leben im Kochtopf meiner Schwiegermutter. Als ich am Abend den fatalen Irrtum entdeckte, konnte ich mich nicht zurückhalten und rief meiner Schwiegermutter zu: ›Was ist dir eingefallen, den Papagei zu braten? Der Vogel hat mich ein Vermögen gekostet. Er konnte sieben Sprachen sprechen!‹

›So? Warum hat er dann kein Wort gesagt?‹, antwortete meine Schwiegermutter.

Ich hoffe, dass diese kleine Geschichte Ihren Lesern ein wenig Freude machen wird und bin in aufrichtiger Verehrung. Ihr ergebener Jizchak Tolaat Shani«

Das Personal und die Gäste des Kaffeehauses beobachteten fasziniert, wie der vielversprechende Dramatiker das beliebte Wochenmagazin auf den Boden schmetterte und mit beiden Füßen darauf herumzutrampeln begann, das Antlitz wutverzerrt, Schaum vor den Lippen.

Diejenigen unter den Zuschauern, denen die jüngste Ausgabe der »Glücklichen Familie« schon bekannt war, fühlten jedoch keinerlei Mitleid mit dem Wütenden. Sie fanden die Geschichte vom Papagei womöglich noch älter und abgestandender als den ebenso geschmacklosen Schwiegermutterwitz. Wirklich, diesem von Ehrgeiz zerfressenen Möchtegern war kein Mittel zu billig, um für sich Reklame zu machen …

Zu Hause angelangt, entdeckte Tolaat Shani einen Zettel, auf dem seine Frau mitteilte, dass sie zu ihrer Mutti zurückgekehrt sei, weil sie nicht länger mit einem Wahnsinnigen leben wolle.

In den Nachbarwohnungen hörte man deutlich die Geräusche der Axthiebe, mit denen Tolaat Shani das Mobiliar seines Heims zertrümmerte. Aber niemand schritt ein. Nach den jüngsten Veröffentlichungen zu schließen, war es um den Geisteszustand des Wohnungsinhabers ohnehin schlecht bestellt und man musste Vorsicht walten lassen.

Nachdem Tolaat Shani seine Wohnung demoliert hatte, ergriff er ein rostiges Küchenmesser, stürmte zum Redaktionsgebäude der »Glücklichen Familie« und drang brüllend in das Büro des Chefredakteurs ein.

»Hund! Bastard! Schurke! So sieht Ihre Entschuldigung aus?!«

»Meine Entschuldigung?« Der Chefredakteur blieb ruhig sitzen. »Sie belieben zu scherzen, junger Mann. Ich soll mich für die kostenlose Reklame entschuldigen, um die Sie mich unausgesetzt anbetteln? Statt dass Sie mir dankbar sind für die witzsprühende Glosse, die ich aus dem trostlosen Geschreibsel Ihres Briefes gemacht habe? Sind Sie verrückt?« Die Stimme des Chefredakteurs wurde drohend. »Und tun Sie endlich das Messer weg, sonst fliegen Sie in hohem Bogen hinaus!«

Tolaat Shani, der im Umgang mit Chefredakteuren beliebter Wochenmagazine wenig Erfahrung hatte, ließ das Messer fallen und glotzte sein Gegenüber entgeistert an. Erst nach einer Pause vermochte er sich zu einem zaghaften Widerspruch aufzuraffen.

»Mein Brief … ich habe … in meinem Brief kein Wort von einem Papagei …«

»Ihr Brief wurde für den Druck ein wenig eingerichtet«, erwiderte der Chefredakteur eiskalt. »Das behalten wir uns bei allen Zuschriften vor. Oder sind wir vielleicht Ihr persönliches Sprachrohr, in dem Sie sich nach Belieben äußern können? Was wollen Sie eigentlich von mir?«

»Nur eine Korrektur. Eine ganz kleine Korrektur, ich bitte Sie. Für mich ist das alles kein Spass. Meine Schwiegermutter spricht nicht mehr mit mir, seit mir meine Frau davongelaufen ist. Ich bin verzweifelt.«

Tolaat Shani begann leise zu schluchzen.

»Schon gut, schon gut«, brummte der Chefredakteur, ein im Grunde weichherziger Mensch. »Die enorme Verbreitung unseres beliebten Wochenmagazins beruht zwar auf dem Vertrauen der Leserschaft in die Zuverlässigkeit unserer Informationen, aber diesmal wollen wir ausnahmsweise eine Ausnahme machen. Wir werden in unserer nächsten Nummer eine kleine Richtigstellung veröffentlichen, natürlich nicht trocken und amtlich, sondern in witziger, eleganter Verpackung.«

Ein Qualschrei aus der Brust des Gemarterten unterbrach ihn. »Nein! Nein!! Nichts Witziges! Nichts Elegantes!«

Auf den Knien rutschte Tolaat Shani vor den Sessel des Chefredakteurs und hob flehend und zitternd beide Hände.

Der auf ein Klingelzeichen herbeigeeilte Ziegler hob ihn auf und geleitete ihn zur Tür hinaus.

Der Chefredakteur sah ihm kopfschüttelnd nach.

»Unglaublich, wie tief sich ein Mensch für ein bisschen Publicity entwürdigt ...«

»Die Schwiegermutter antwortet nicht«, lautete der Titel einer kleinen Glosse, die in der nächsten Nummer der ›Glücklichen Familie‹ erschien und folgenden Wortlaut hatte:

»Tolaat Shani, dessen erfolgloses Stück nunmehr endgültig aus dem Spielplan verschwunden ist, verbringt seine reichlich bemessene Freizeit auf dem Golfplatz. Bei einem kollegialen Zusammentreffen mit unserem dortigen Korrespondenten gab er seinem

›leichten Befremden‹ darüber Ausdruck, dass wir ein paar allseits belachte Anekdoten über seine Schwiegermutter veröffentlicht haben, an der er in großer Liebe zu hängen angibt.

›Für mich ist das alles kein Spass‹, sagte der Schriftsteller wörtlich. ›Meine Schwiegermutter spricht nicht mehr mit mir.‹

›Zürnt sie Ihnen so sehr?‹

›Schlimmer. Sie hat sich den Kiefer verrenkt und kann ihre Zunge nicht bewegen.‹

›Und was sagt der Arzt dazu?‹

›Der Arzt?‹ Tolaat Shani konnte ein Grinsen nicht unterdrücken. ›Er wollte sie sofort untersuchen. Aber ich sagte ihm: Keine Eile, Herr Doktor, keine Eile. Kommen Sie in zwei, drei Wochen …‹

Und Tolaat Shani schickt sich mit elegantem Schwung zum nächsten Golfschlag an.«

Um die Mittagszeit zerschmetterte der erste Stein eines der Fenster des Esszimmers, aber Tolaat Shani hatte noch knapp entwischen können, bevor die Demonstration größere Ausmaße annahm. Er drückte sich die Häusermauern entlang und nahm den Omnibus, der ihn in eine entfernte Siedlung im Süden des Landes bringen sollte. Beinahe wäre ihm das geglückt, aber seine Schwiegermutter, die einen Geheimtip bekommen haben musste, fing ihn an der Haltestelle ab und zerschlug ihren Regenschirm auf seinem Kopf.

Im Krankenhaus empfing man ihn kühl und abweisend und überstellte ihn schließlich in die Abteilung für schwere Alkoholiker, wo man ihm einen Verband anlegte und ihn zu äußerster Ruhe ermahnte.

Trüb vor sich hin starrend, von allen gemieden, von der Zwangsjacke bedroht, saß Tolaat Shani in seiner Zelle und dachte darüber nach, wie er dem Teufelskreis, in den ihn die Redaktion der »Glücklichen Familie« hineinmanövriert hatte, endlich durchbrechen könnte.

Plötzlich drang ein gleißender Lichtschein durch die kleine Fensterluke. Ein Engel stand vor ihm, in der Hand das Schwert der Demokratie, auf dem Haupt die Krone der Pressefreiheit.

Und es öffnete aber der Engel den Mund und hub zu sprechen an und sprach: »Schick ihnen eine Honorarrechnung!«

Wortlaut des Briefs, der sich am nächsten Tag im Posteingang der ›Glücklichen Familie‹ befand:

»Sie waren so freundlich, in den letzten drei Ausgaben Ihres Magazins drei meiner kurzen Satiren abzudrucken:

1. Zungspitz und das Begräbnis
2. Warum schwieg der Papagei
3. Die Schwiegermutter antwortet nicht

Ich bitte um Überweisung des fälligen Honorars.

Hochachtungsvoll

Tolaat Shani«

Seither herrscht Ruhe.

Ringelspiel

Es ist alles eine Frage der Organisation. Deshalb bewahren wir in einem zweckmäßig nach Fächern eingeteilten Kasten unbrauchbare Geschenke zur möglichen Wiederverwendung auf. Wann immer so ein Geschenk kommt und es kommt oft, wird es registriert, klassifiziert und eingeordnet. Babysachen kommen automatisch in ein Extrafach, Bücher von größerem Format als zwanzig mal fünfundzwanzig Zentimeter werden in der »Bar-Mizwa«-Abteilung abgelegt, Vasen und talmisilberne Platten unter »Hochzeit«, besonders scheußliche Aschenbecher unter »Neue Wohnung« und so weiter.

Und dann ist Purim, das Fest der Geschenke, plötzlich wieder da und es geschieht Folgendes: Es läutet an der Tür. Draußen steht Benzion Ziegler mit einer Bonbonniere unterm Arm. Benzion Ziegler tritt ein und schenkt uns die Bonbonniere zu Purim. Sie ist in Zellophanpapier verpackt. Auf dem Deckel sieht man eine betörend schöne Jungfrau, umringt von allegorischen Figuren in Technicolor. Wir sind tief gerührt und Benzion Ziegler schmunzelt selbstgefällig.

So weit, so gut. Die Bonbonniere war uns hochwillkommen, denn Bonbonnieren sind sehr verwendbare Geschenke. Sie eignen sich für vielerlei Anlässe, für den Unabhängigkeitstag so gut wie für silberne Hochzeiten. Wir legten sie sofort in die Abteilung »Diverses«.

Aber das Schicksal wollte es anders. Mit einem Mal befiel uns beide, meine Frau und mich, ein unwiderstehliches Verlangen nach Schokolade, das nur durch Schokolade zu befriedigen war. Zitternd vor Gier rissen wir die Zellophanhülle von der Bonbonniere, öffneten die Schachtel – und prallten zurück. Die Schachtel enthielt ein paar bräunliche Kieselsteine mit leichtem Moosbelag.

»Ein Rekord«, sagte meine Gattin tonlos. »Die älteste Schokolade, die wir jemals gesehen haben.«

Wütend stürzten wir uns auf Ziegler und schüttelten ihn so lange, bis er uns bebend gestand, dass er die Bonbonniere voriges Jahr von einem guten Freund geschenkt bekommen hatte. Wir riefen den guten Freund an und stellten ihn zur Rede. Der gute Freund begann zu stottern: Bonbonniere … Bonbonniere … ach ja. Ein Geschenk von Ingenieur Glück, aus Freude über den israelischen Sieg an der Sinai-Front … Wir forschten weiter. Ingenieur Glück hatte die Schachtel vor vier Jahren von seiner Schwägerin bekommen, als ihm Zwillinge geboren wurden. Die Schwägerin ihrerseits erinnerte sich noch ganz deutlich an den Namen des Spenders: Goldstein, 1953. Goldstein hatte sie von Glaser bekommen, Glaser von Steiner und Steiner – man glaubt es nicht – von meiner guten Tante Ilka, 1950. Ich wusste sofort Bescheid: Tante Ilka hatte damals ihre neue Wohnung eingeweiht, und da das betreffende Fach unseres Geschenkkastens gerade leer war, mussten wir blutenden Herzens die Bonbonniere opfern.

Jetzt hielten wir die historische Schachtel wieder in Händen. Ein Gefühl der Ehrfurcht durchrieselte uns. Was hatte diese Bonbonniere nicht alles erlebt! Geburtstagsfeiern, Siegesfeiern, Grundsteinlegungen, neue Wohnungen, Zwillinge ... wahrhaftig ein Stück Geschichte, diese Bonbonniere.

Hiermit geben wir der Öffentlichkeit bekannt, dass die Geschenkbonbonniere des Staates Israel aus dem Verkehr gezogen ist. Irgendjemand wird eine neue kaufen müssen.

Abgesichert

Nach einem Flug, der fast ausschließlich aus Luftlöchern bestand und uns lebhaft an unsere Kanalüberquerung erinnerte, landeten wir in New York. Onkel Harry und Tante Trude erwarteten uns am Flughafen und fielen uns gerührt um den Hals.

»Wie war der Flug?«, fragte Tante Trude.

»Frag mich nicht«, antwortete meine Frau. »Über dem Ozean sind wir in ein fürchterliches Unwetter geraten. Wir dachten schon, dass wir's nicht überleben.«

»Moment«, sagte Onkel Harry. »Habt ihr eine Lebensversicherung?«

»Ja.«

»Also. Wozu die Aufregung?«

Dazu muss man wissen, dass Onkel Harry, seit er die amerikanische Staatsbürgerschaft erworben hat, ein Musteramerikaner geworden ist und alles versichert, was sich irgendwie versichern lässt. Buchstäblich alles. Hier liegt das Geheimnis seines sicheren Auftretens, seiner inneren Spannkraft, seiner Vitalität. Er ist jetzt 59 Jahre alt, der Onkel Harry – aber wenn man ihn so sieht, mit seinem lebhaft gemusterten Sportjackett, seiner farbenfrohen Krawatte und seinem blitzenden Gebiss: Man würde ihn höchstens für 65 halten.

»Wovor soll ich mich noch fürchten?«, fragte Onkel Harry.

»Ich habe eine Lebensversicherung auf 200 000 Dollar abgeschlossen, die alles einschließt: natürlichen Tod, gewaltsamen Tod, Tod durch Selbstmord, tödlicher Unfall, Wahnsinn, Entführung, Kerker. Also?«

Stolz führte er uns durch sein Häuschen in einem der uniformen Villen-Vororte New Yorks. Die Zentralheizung hatte ihn 15 000 Dollar gekostet, die Garage mit der Gleittür, die sich automatisch öffnet und schließt, 5000 Dollar. Wieviel ihn die Möbel gekostet haben, weiß ich nicht mehr. An den Wänden hingen ein paar alte niederländische Holzschnitte, sehr schöne Stücke aus der 2000-Dollar-Schule; sie waren auf 12 000 Dollar gegen die etwaige Entdeckung versichert, dass es sich um Fälschungen handelte. Auch die Bibliothek erfreute sich einer kostspieligen Versicherung gegen Feuer, Vergilbung, Stockflecke und Lektüre. Die Versicherung des atemberaubenden Ausblicks vom Fenster bezog sich auf Erdbeben, Tornados und fliehende Büffelherden. Und die Vöglein im Garten konnten fröhlich zwitschern, weil sie wussten, dass sie gegen Rinderpest, Papageienkrankheit und Jagdfalken versichert waren.

»Meine Frau hab ich auf 100 000 Dollar versichert«, flüsterte Onkel Harry mir ins Ohr. »Anders wär's nicht rentabel gewesen. Ich musste ja schon 30 000 Dollar in die Scheidung von ihrem ersten Mann investieren ...«

Mitbringsel

Aus irgendwelchen Gründen sind Heimreisen immer langweilig. Wir verabschiedeten uns herzlich von unseren Verwandten, schüttelten der Freiheitsstatue die freie linke Hand, bestellten zwei gute Plätze in der Nähe des Piloten, zahlten das Übergewicht für unsere zehn Koffer und landeten kurz darauf in Genua.

Hier holten wir nach, was wir bei unserem ersten Besuch versäumt hatten: Wir verbrachten den ganzen Tag im Hafen. Alles lief planmäßig ab, am Abend lagen wir zur rechten Zeit in den Betten unseres nur wenige hundert Schritt von der ›SS Jerusalem‹ entfernten Hotels – als die beste Ehefrau von allen sich plötzlich im Bett aufsetzte und mir ein aschfahles Gesicht zuwandte. »Um Himmels willen! Wir haben die Geschenke vergessen!«

»Na, na, na«, murmelte ich verschlafen. »So schlimm wird's nicht sein. Entspann dich…«

»Red keinen Unsinn!« Jetzt rannte sie bereits im Zimmer hin und her und blieb nur gelegentlich stehen, um die Hände zu ringen. »Wer von einer so langen Reise zurückkommt wie wir, muss jedem einzelnen Verwandten, Bekannten und Freund etwas mitbringen. Das erwartet man und das gehört sich so.«

»Merkwürdig«, erwiderte ich. »Alle meine Freunde und Bekannten fahren ununterbrochen in der Welt herum – und mir hat noch niemand etwas mitgebracht.«

»Das stimmt nicht. Hast du nicht von Tante Ilka diesen hübschen grünen Pullover aus Dänemark bekommen, mit dem du immer den Wagen wäschst? Und außerdem: Wenn andere Leute keine Manieren haben, so heißt das noch nicht, dass wir keine haben müssen.«

»Warum eigentlich? Warum heißt es das nicht?«

Die beste Ehefrau von allen saß unterdessen am Bettrand und stellte eine Liste aller Personen zusammen, die Anspruch auf etwas Mitgebrachtes hatten: Felix Selig, Tante Ilka, die Eule Lipschitz, der Finanzminister, Jossele, der Milchmann, mein Freund Kurt, ihre Freundin Rebekka, Batscheba Rothschild, der entlassene Zitruspacker Sprotzek, Kitty Goldfinger, die Brüder Grossmann, Schultheiß, Podmanitzki, Mundek, Marie-Luise, Professor Großlockner, die Zieglers, Paltiel ben Saish. Ein Glück, dass Sulzbaum in New York war.

»Aber wie sollen wir das alles noch vor der Abfahrt erledigen?«, seufzte meine Frau ein übers andre Mal. »Wie, um Himmels willen, sollen wir das machen?«

Ich nahm die Liste an mich und unterzog sie einer scharfen Revision. Kitty Goldfinger, mit der wir seit Jahren nicht mehr verkehrten, wurde sofort gestrichen. Als Nächste kamen die Zieglers, die in einem entlegenen Kibbuz im Negev lebten und von unserer Reise wahrscheinlich nichts gehört hatten. Dann ging's an die Freundinnen meiner Frau – aber sie kämpfte wie eine Löwin um jede von ihnen und beschwor mich, durch willkürliche Auswahl der Beschenkten keine ewigen Feindschaften zu provozieren. Der einzige Geschenkempfänger, auf den sie unter Umständen verzichten wollte, war Paltiel ben Saish: Sie wusste nicht, wer das war und konnte sich nicht erklären, warum sein Name auf der Liste stand.

Jetzt erhob sich die Frage, womit man diese gierige, auf Geschenke versessene Horde befriedigen sollte.

»Wir müssen«, proklamierte die Listenverfasserin, »für jeden etwas Individuelles finden. Eine Kleinigkeit, die er bestimmt noch nicht hat. Und der man die fremde Herkunft anmerkt. Und die teurer aussieht, als sie ist.«

»Richtig. Geschenke, die diese Bedingungen nicht erfüllen, haben keinen Wert. Dann bringen wir besser nichts mit.«

»Also gut. Was kaufen wir?«

Gemeinsam beugten wir uns über die Liste und gingen sie von Anfang an durch. Von Felix Selig wussten wir, dass er ein Sportfanatiker war und nie ein Fussballmatch versäumte; als Geschenke kamen somit in Betracht: ein Tennisschläger (12 000 Lire), ein Faltboot (104 000), ein Barhocker (21 000 bis 62 000), ein Pullover (520). Wir dachten lange nach, was seiner Wesensart am besten entspräche.

»Ich bin für den Pullover«, entschied ich. »Ein praktischer Gegenstand. Immer griffbereit. Wenn Felix verschwitzt vom Training kommt, wird er sehr froh sein, sofort in einen Pullover schlüpfen zu können.«

»Schön ... damit wäre ein Anfang gemacht ... alles Weitere morgen ... beim Einkaufen...« Die letzten Worte hauchte meine Gattin schon halb im Schlaf, ich selbst hörte sie nur noch mit halbem Ohr.

Am lichten Morgen zogen wir los. Wir warfen uns auf die Warenhäuser, deren es in Genua viele gibt, erstanden als Erstes einen wunderschönen, gelben, schafwollenen, echt italienischen »Santi-Frutti«-Sportpullover für 490 Lire und strichen Felix Selig von der Liste.

»Aber wenn wir schon für ihn so ein Vermögen ausgeben – was bleibt dann für Tante Ilka?«, fragte meine Frau.

Wir verschoben die Lösung dieses Sonderproblems und kauften für unsere Hausgehilfin Rebekka, deren Vorliebe für schreiende Farben wir kannten, einen wunderschönen, gelben, schafwollenen ... zwei Nummern kleiner ... 450 Lire. Dann analysierten wir die Bedürfnisse der Eule Lipschitz. Was könnte wohl ein wenig Freude und Wärme in sein trübes Dasein bringen? Eine Schweizer Armbanduhr? Ein Radio? Eine Kamera? Sorgfältig schätzten wir Für und Wider gegeneinander ab, fassten neue Möglichkeiten ins Auge und fanden schließlich eine unverhoffte Lösung.

»Alle diese Dinge hat er wahrscheinlich schon. Aber man kann nie genug Pullover haben ...«

Es wurde ein schwarzer und langärmeliger, der infolgedessen 580 Lire kostete (und die Problematik des Geschenks für Tante Ilka noch erhöhte). Dafür musste sich mein Freund Kurt mit einem ärmellosen Pullunder begnügen, was für ihn als Hundebesitzer nur von Vorteil war. Wenigstens konnte ihm der bissige Köter die Ärmel nicht zerfetzen. Jossele gab uns einiges zu lösen auf, denn er ist ein leidenschaftlicher Briefmarkensammler. Vor einem Schaufenster des nächsten Warenhauses überkam uns die jähe Erleuchtung, dass hellblau die richtige Pulloverfarbe für ihn wäre.

Allmählich arbeiteten wir uns durch die ganze Liste. War's Zufall, war's Fügung – wir entdeckten immer wieder, dass es für den Betreffenden kein passenderes Geschenk gab als einen Pullover, den sie abwechselnd tragen konnten. Finanzielle Schwierigkeiten ergaben sich nicht, da wir uns vom Unterstützungsfonds der Jüdischen Gemeinde in Genua genug Geld ausgeborgt hatten, um auch noch die beiden Koffer bezahlen zu können, die wir für unsere Geschenke brauchten.

Erleichtert und in freudiger Stimmung transportierten wir unser gesamtes Gepäck in den Hafen.

Und dort, schrill über das erste Heulen der Schiffssirene hinweg, ertönte der Aufschrei meiner Gattin: »Entsetzlich! Wir haben Tante Ilka vergessen.«

Schon saßen wir im Taxi, schon hielten wir vor einem Warenhaus, schon stürzten wir hinein – und standen vor einer Katastrophe: Alle Pullover waren ausverkauft.

»Es gehen nämlich heute und morgen zwei Schiffe nach Israel ab«, erklärte die Verkäuferin. »Aber ein netter kleiner Seismograph wäre noch da. Wird von Touristen viel verlangt.«

Was sollte Tante Ilka mit einem Seismographen? Sie würde das womöglich für eine Anspielung auf ihr Schnarchen halten. Nein, das kam nicht in Betracht.

Die Sirene der ›SS Jerusalem‹ heulte zum zweiten Mal und unmissverständlich.

Wir erreichten sie ganz knapp und verstauten den schönen, dunkelroten Pullover, den wir der Verkäuferin vom Leibe weggekauft hatten, in unserem zwölften Koffer.

Der Rest der Geschichte entbehrt jeder dramatischen Spannung. Aus purer Langeweile begannen wir auf hoher See die einzelnen Pullover zu probieren und stellten fest, dass sie uns wie angegossen passten. Natürlich kamen wir nicht mehr darauf zu sprechen.

Kurz darauf zupfte mich meine Frau am Ärmel. »Eigentlich«, sagte sie tastend, »eigentlich sehe ich nicht ein, warum wir jedem Schmarotzer, den wir zufällig kennen, ein Geschenk mitbringen müssen. Wo steht das geschrieben?«

»Das frage ich mich schon die ganze Zeit. Aber dann dürfen wir keinem von ihnen etwas mitbringen, sonst verfeinden wir uns mit den anderen ...«

Niemand hat ein Geschenk von uns bekommen. Wem's nicht passt, der soll sich bei uns beschweren. Wir können selbst sehr gut ein paar Pullover gebrauchen, vielen Dank.

Kleine Geschenke erhalten
Vater und Sohn

Amir, mein zweitgeborener und, wie man weiß, rothaariger Sohn, hatte ziemlich mühelos das Alter von dreizehn Jahren und damit nach jüdischem Gesetz seine offizielle Mannbarkeit erreicht. Dies äußerte sich unter anderem darin, dass er – am ersten Sabbat nach seinem Geburtstag – in der Synagoge zur Verlesung des fälligen Thoraabschnitts an die Bundeslade gerufen wurde.

Es äußerte sich ferner in einer abendlichen Feier, die wir nach Elternsitte für ihn veranstalteten und zu der wir zahlreiche Freunde sowie, vor allem, wohlhabende Bekannte einluden.

Kurz vor Beginn des Empfangs machte ich meinem zum Manne gewordenen Sohn die Bedeutung des Anlasses klar.

»Generationen deiner Vorfahren, mein Junge, blicken heute stolz auf dich nieder. Du übernimmst mit dem heutigen Tag die Verantwortung eines volljährigen Bürgers dieses Landes, das nach zweitausend Jahren endlich wieder ...«

»Apropos zweitausend«, unterbrach mich mein verantwortungsbewusster Nachfahre. »Glaubst du, dass wir so viel zusammenbekommen?«

»Wer spricht von Geld?«, wies ich ihn zurecht. »Wer spricht von Schecks und von Geschenken? Was zählt, ist das Ereignis als solches, ist sein spiritueller Gehalt, ist ...«

»Ich werde ein Bankkonto auf meinen Namen eröffnen«, vollendete Amir laut und deutlich seinen Gedankengang.

Dennoch war er ein wenig unsicher, als die ersten Gäste erschienen. Er wusste nicht recht, wo sein Platz war, er begann zu schwitzen und fragte mich immer wieder, was er sagen sollte.

Geduldig brachte ich es ihm bei. »Sag: Ich freue mich, dass Sie gekommen sind.«

»Und wenn man mir das Geschenk überreicht?«

»Dann sag: Danke vielmals, das war aber wirklich nicht notwendig.«

Derart gerüstet, bezog Amir Posten neben der Tür. Schon von Weitem rief er jedem Neuankömmling entgegen: »Danke, das war nicht notwendig« und hielt die Hand auf. Als er den ersten Scheck über 50 Pfund bekam, musste ich ihn zurückhalten, sonst hätte er seinem Wohltäter die Hand geküsst. Über die erste Füllfeder geriet er beinahe in Ekstase und beim Anblick eines Expanders brach er in Freudentränen aus. »Ein empfindsames Kind«, bemerkte seine Mutter. »Und so begeisterungsfähig!«

Die Sammelstelle für Geschenke wurde im Zimmer meiner jüngsten Tochter Renana eingerichtet und mein ältester Sohn Raphael übernahm es, die Beute zu ordnen.

Die festliche Atmosphäre trübte sich ein wenig, als ein zur Prunksucht neigender Geschäftsmann mit einem Scheck in der exhibitionistischen Höhe von 250 Pfund eintraf. Neben solcher Großzügigkeit verblassten sämtliche Kompasse und Enzyklopädien. Immer nachlässiger murmelte von da an der junge Vollbürger sein »Danke ... nicht notwendig ...« und bald darauf beklagte er sich bei mir über zwei soeben eingetroffene Gäste, von denen er nichts weiter bekommen hatte als einen Händedruck, was wirklich nicht notwendig war. Ich behielt die beiden Geizkragen scharf im Auge und sah mit hilfloser Empörung, wie sie sich am Buffet gütlich taten.

»Nur Geduld«, tröstete ich meinen wütenden Sohn. »Die kriegen wir noch. Geh auf deinen Kontrollposten.«

Im Allgemeinen durfte man jedoch mit den Geschenken zufrieden sein, obwohl sie von wenig Fantasie zeugten und zahlreiche Duplikate aufwiesen. Es wimmelte von Feldflaschen, Ferngläsern, Kompassen und Füllfedern und die Expander vermehrten sich wie die Kaninchen. Wer hätte gedacht, dass diese Instrumente so billig sind.

Wir empfanden es geradezu als Erlösung, als die Seligs mit dem Minimodell eines zusammenlegbaren Plastikboots ankamen. Amir vergaß sich und sagte statt des üblichen »Danke nicht notwendig« mit anerkennendem Kopfnicken: »Nicht schlecht.«

Ich selbst schlüpfte von Zeit zu Zeit aus meiner Rolle als freundlicher Gastgeber, um Inventur zu machen. Die Bücher hatten sich mittlerweile zu Türmen hochgeschichtet: preiswerte Ausgaben der Bibel, Reisebeschreibungen und ein Bändchen mit dem zunächst rätselhaften Titel »Hinter dem Feigenblatt«, das sich als Anleitung zum Geschlechtsverkehr für Minderjährige entpuppte. Und irgendein Idiot hatte meinem Sohn ein »Lexikon des Humors« geschenkt, in dem der Name seines Vaters nicht erwähnt war. Ich gab Auftrag, dem Kerl keine Getränke anzubieten.

In einer Kampfpause versuchte ich mich an dem Expander und stellte befriedigt fest, dass ich ihn über zwei Stufen spannen konnte. Außerdem beschlagnahmte ich einen Füllfeder. Es waren sowieso schon zu viele. Amir sollte sich nach der Feier eine aussuchen, meinetwegen sogar zwei und den Rest würden wir umfunktionieren.

Im Übrigen veränderte sich der Charakter meines rothaarigen Sohnes gewissermaßen unter meinen Augen. Er hatte längst aufgehört, die ankommenden Gäste zu begrüßen. Die stumme Gebärde, mit der er ihnen entgegensah, bedeutete unverkennbar: »Wo ist das Geschenk?« und die Stimme, mit der er sich bedankte, klang je nach den gegebenen Umständen von herzlich bis kühl. Auch sonst benahm er sich wie ein Erwachsener.

Bei meinem nächsten Besuch im Lagerraum stieß ich auf zwei Flakons Toilettenwasser, für die der Junge keine Verwendung hatte. Die Leute könnten wirklich ein wenig nachdenken, bevor sie Geschenke machen. Auch einen goldenen Kugelschreiber und eine Mundharmonika nahm ich an mich.

Dann wurde ich in meinen Ordnungsbemühungen

gestört. »Um Himmels willen«, zischte die beste Ehefrau von allen. »Kümmere dich doch um unsere Gäste!«

Ich stellte mich neben Amir, der den jetzt schon etwas spärlicher eintreffenden Gästen mit dem lüsternen Blick eines Wegelagerers entgegensah und sie erstaunlich richtig einzuschätzen wusste.

»Höchstens achtzig«, flüsterte er mir zu oder verächtlich: »Taschenmesser.«

Gegen zehn Uhr vertrieb er alle Familienmitglieder aus dem Abstellmagazin und versperrte die Tür. »Hinaus!« rief er. »Das gehört mir!«

Als er auf Seligs Plastikboot ein Preisschildchen mit der Aufschrift »Pfund 7,25« entdeckte, machte er den Spender in der Menge ausfindig und spuckte ihm zielsicher zwischen die Augen.

Rätselhaft blieb uns allen ein Radio mit Unterwasser-Kopfhörern. Von wem stammte es? Wir gingen rasch das von meiner Tochter Renana angelegte Namensverzeichnis der Anwesenden durch. Es kamen nur zwei infrage, die auf der Geschenkliste nicht erschienen: unser Zahnarzt und ein Unbekannter mit knallroter Krawatte. Aber welcher von beiden war es? Die Ungewissheit wurde umso quälender, als wir uns bei dem einen bedanken und den anderen maßregeln mussten. Da bewährte sich wieder Amirs Instinkt. Er machte sich an den Zahnarzt heran und trat ihm ans Schienbein. Der Zahnarzt nahm das widerstandslos hin. Kein Zweifel, die edle Spende stammte vom Krawattenträger.

Heftigen Unwillen rief bei uns allen das Geschenk eines Frankfurter Juden namens Jakob Sinsheimer hervor, das aus einem Holzschnitt seiner Geburtsstadt bestand. Was uns erbitterte, war nicht die Wertlosigkeit des Blattes, sondern die auf der Rückseite angebrachte Widmung: »Meinem lieben Kobi zur Bar-Mizwa von seinem Onkel Samuel.« Wir gossen ein wenig Himbeersaft über Herrn Sinsheimers Anzug und entschuldigten uns.

Inzwischen begrüßte Amir die letzten Gäste. »He!«, rief er. »Wieviel?«

Er hatte sich zu einem richtigen Monstrum ausgewachsen, seine blutunterlaufenen Augen lagen in den Höhlen, seine Krallenhände zitterten vor Gier, sein ganzer Anblick war so abscheulich, dass ich mich abwandte und in den Lagerraum flüchtete, wo ich die beste Ehefrau von allen in flagranti erwischte, wie sie sich mit Golda Meirs Lebenserinnerungen aus dem Staub machte.

Allein geblieben, befeuchtete ich Daumen und Zeigefinger und begann die Schecks zu zählen. Guter Gott, welch eine Verschwendung! So viel Geld in einem so armen Land wie dem unsern! Der Gedanke, dass mein missratener Sohn über all diese Summen verfügen könnte, hatte etwas höchst Beunruhigendes. Ich ließ ihm ein paar niedrige Schecks und nahm die anderen an meine väterliche Brust.

Nein, ich hatte kein schlechtes Gewissen. Es war nur Recht und billig, was ich tat. Hatte ich nicht in seine Erziehung eine Menge Geld investiert? Und wer hatte für diesen kostspieligen Festempfang gezahlt? Na also. Er soll arbeiten gehen und Geld verdienen. Schließlich ist er heute zum Mann geworden.

Reisen bildet

Als mein Töchterlein Renana zwölf Jahre alt wurde, also nahezu an der Schwelle der weiblichen Reife stand, nahm ich sie zur Seite und fragte sie, mit welchem Geschenk ich sie an diesem außerordentlichen Geburtstag wohl am meisten erfreuen könnte. Natürlich war die tragbare Mini-Stereo-Apparatur nicht als Geschenk zu bezeichnen, weil sie ja heutzutage als unumgängliche Lebensnotwendigkeit betrachtet werden muss.

»Ich«, sagte meine herangereifte Tochter, ohne auch nur eine Sekunde zu zögern, »ich will nach Paris.«

Damit konnte kein Mensch rechnen. Nicht einmal ich.

»Paris?« Ich wollte es bestätigt haben. »Wieso Paris?«

»Was?«

Sie sagt immerzu »Was?«, ehe sie eine Frage beantwortet. Sie scheint das für ihre persönliche Note zu halten, eine Art von Vorwahlnummer.

»Ich habe dich gefragt«, wiederholte ich geduldig, »warum du nach Paris willst.«

»Weil es im Ausland ist.«

»Im Ausland ist vieles«, sagte ich. »Vergiss diesen Unsinn und denk dir ein vernünftiges Geschenk aus. Schließlich bist du kein Baby mehr.«

Dieses Gespräch hatte ich völlig verdrängt, bis meine Tochter an ihrem Geburtstag an der Hand ihrer

Mutter einem Flugzeug entstieg und Pariser Boden betrat. Ich ergriff ihre freie Hand und wir begaben uns zu dritt in unser Hotel, um uns in einem Eineinhalb-Zimmer-Apartment gemütlich einzurichten. Für das Pariser Geburtstagsfestival hatten wir ganze fünf Tage vorgesehen, also begann die beste Ehefrau von allen, mit meiner Unterstützung in unserem halben Zimmer die Koffer auszupacken, während Renana sich malerisch auf dem einzigen Recamier-Sofa des ganzen Zimmers drapierte und blasiert zur Decke starrte. »Uff«, schien ihr Blick zu sagen, »was jetzt?«

Der Vorwurf in ihren Augen war unübersehbar. Wozu in drei Teufels Namen hatten wir sie in diese verlauste Stadt geschleppt?

»Hör mir zu, mein Kind«, sagte ich zu meinem Kind, »wir sind nicht zu deiner persönlichen Unterhaltung da. Also such dir eine Beschäftigung, bis wir mit dem Auspacken fertig sind. Da drüben steht ein Fernsehapparat.«

»Was?«

»Fernsehapparat.«

Renana schleppte sich zum TV-Gerät und drückte missmutig einige Knöpfe. Nach wenigen Sekunden waren auf dem Bildschirm die markanten Züge des Präsidenten Mitterrand zu sehen.

»Der spricht ja Französisch.« Renana war angewidert.

In der Schule hatte sie drei Jahre lang Französisch gelernt, meine Renana. Der Taxichauffeur am Flughafen entdeckte – vielleicht wegen ihrer roten Haare –

eine gewisse Affinität zu meiner Tochter, also fragte er sie auf Französisch, ob sie Französisch könne?

»Yes«, antwortete meine Tochter und beendete damit die Konversation.

Was Mitterrand seiner Nation mitzuteilen beabsichtigte, werde ich nie erfahren, denn Renana drehte ihn mitten im Satz einfach ab.

»Diese Stadt ist zum Kotzen langweilig«, verkündete sie.

Ich suchte sämtliche hebräischen Zeitungen zusammen, die ich in den letzten vierzehn Tagen erworben hatte und warf sie ihr vor die Füße.

»Uff«, gähnte mein Töchterlein, »da steht doch nichts als Begin, Begin, Begin.«

»Hast du dir nicht irgendein Buch mitgenommen?«

»Was?«

»Ein Buch. Zum Lesen.«

»Lesen? Das kann ich auch zu Hause, oder?«

Ich schlug vor auszugehen, um irgendetwas zu essen, aber sie war nicht hungrig. Ich fand ein großes Kreuzworträtsel in einer unserer Wochenzeitschriften und hielt es vor ihre gelangweilte Nase.

»Ich habe keinen Bleistift«, murmelte Renana und fügte ein Uff hinzu.

Mag sein, dass sie ein bisschen beschränkt ist. Vielleicht sollte ich irgendwann mit einem Arzt darüber sprechen.

»Ich langweile mich zu Tode«, bemerkte Renana.

Ich hielt die Zeit für gekommen, endlich meine Sensation zu produzieren. Ein ganzes Jahr lang hatte ich, wo immer ich auch ging und stand, Rubiks berühmten Zauberwürfel in der Tasche. Obwohl es mir noch nie gelungen ist, alle Farben auf die gleiche Seite zu drehen, oder vielleicht gerade deshalb. Um mein Dekorum zu wahren, drehte ich die Farben des Würfels einige Male hin und her, dann reichte ich ihn der kleinen Madame Recamier.

»Schau einmal, ob du die Farben ordnen kannst.«

»Was?«

»Ordnen.«

Meine grenzdebile Tochter nahm den Würfel mit trotziger Miene in Empfang, drehte seine Bestandteile kurz hin und her, um ihn mir herablassend zurückzureichen. Überflüssig zu bemerken, dass natürlich alle Farben dort waren, wo ich sie noch nie hingebracht hatte.

Offenbar war es Anfängerglück. Anfängerglück oder Zufall. Wie dem auch sei, sie war wieder gelangweilt. Zugegeben, zehn Pariser Minuten waren vergangen, aber wir hatten noch fünf Tage zu bewältigen.

»Uff«, sagte meine Tochter, »was mach ich nun?«

»Was würdest du zu Hause tun?«

»Was?«

»Zu Hause. Was würdest du tun?«

»Zu Hause habe ich Nava.«

Nava ist, wie erwähnt, ihre Busenfreundin von gegenüber. Nichts Außergewöhnliches, aber immer da, wenn man sie braucht.

Einen Moment spielte ich mit dem Gedanken, Navas Eltern anzurufen, damit sie ihre Tochter nach

Paris schicken. Ich kann sie zwar nicht ausstehen, aber darauf war jetzt keine Rücksicht zu nehmen.

»Ich glaube nicht, dass ich Nava hier haben möchte«, sagte meine kleine Gedankenleserin, während sie flach auf dem Rücken lag und an ihren Nägeln kaute, »sie geht mir furchtbar auf die Nerven.«

»Warum versuchst du nicht, hier im Hotel irgendeine Freundin zu finden«, schlug ich ihr, einfallsreich wie immer, vor. »In der Hotelhalle habe ich einige sehr nette Mädchen aus Pakistan gesehen.«

Renanas Gesichtsausdruck sagte eindeutig: »Der Mann ist nicht bei Trost.« Ich schlug ihr verschiedene Spiele vor: Blinde Kuh, Verstecken, Personen raten … irgendwas … Renana würdigte mich keiner Antwort. Ich eilte hinunter zur Rezeption, um Spielkarten zu besorgen. Als ich zurückkam, war Renana in Tränen ausgebrochen. Aus Langeweile vermutlich.

»Also«, rief ich mit meiner fröhlichsten Lieb-Väterchen-Stimme, »wer spielt mit mir Karten?«

»Was?«

»Karten. Spielen wir ›Ziehen‹.«

»Ziehen« ist ein hochgeistiges, aufregendes Kartenspiel für beliebig viele Teilnehmer. Jeder zieht eine Karte und wer die höchste Karte hat, gewinnt.

»Uff«, sagte Renana, »ein besonders blödes Spiel.«

»Aber Liebling«, warf ihre Mutter ein, »zu Hause spielst du es doch immer stundenlang.«

»Zu Hause«, erwiderte Renana mit mühsam unterdrücktem Zorn, »wir sind nicht zu Hause, sondern in Paris, oder?«

Ich nahm ihren Gedanken auf. »Wenn schon Paris, dann sollten wir doch in ein Museum gehen …«

Nie im Leben werde ich diesen Blick vergessen.

»Museum?«, sagte Renana angewidert. »Ich will nach Hause!«

Das war die erste vernünftige Äusserung, die sie seit ihrer Ankunft von sich gab. Wenn das Kind nach Hause will, soll sie nach Hause. Der Haken war nur das Datum auf ihrem verbilligten Rückflugticket. Von jener Stunde der Glückseligkeit trennten uns ganze fünf Tage.

Die beste Ehefrau von allen schlug vor, etwas zu singen, damit die Zeit schneller verging. Ohne nachzudenken, stimmte ich in ein frohgemutes »Hava-Nagila-Hava« an, aber das Lied erstarb auf unseren Lippen, als wir Renanas gerunzelte Stirn sahen.

Was nun?

Ich beherrsche keine Kartenkunststücke, für Eiscreme war es zu kalt und das Bolschoi-Theater ist nicht in Paris. Also was tun?

»Möchtest du vielleicht Schnurspringen?«, fragte meine Frau behutsam. Renana stand wortlos auf, ging ans Fenster und starrte auf den Pariser Antennenwald. Uff!

»Ich glaube, dass es hier im Hotel einen Swimmingpool gibt«, versuchte ich es aufs Neue.

»Was?«

»Schwimmen.«

»Ödet mich an.«

Ich weiß nicht, was als Nächstes geschah. Oder besser, ich weiß es genau. Ich packte eine große Alabastervase, die auf dem Tisch stand, erhob sie hoch über meinen Kopf und schmetterte sie auf den Boden.

»Das ödet dich an?«, brüllte ich, von patriarchalischem Zorn übermannt. »Von mir aus kannst du angeödet bleiben bis ans Ende deiner Tage. Ich habe genug!«

Renana bückte sich, hob einige Scherben der Vase vom Teppich auf und eilte in eine Ecke des Zimmers.

»Schön«, sagte sie, während sie sich in den Türkensitz begab, »damit kann ich ›Steinchen‹ spielen.«

Und schon begann sie, die Alabasterscherben einzeln in die Höhe zu werfen, um sie nach einem unergründlichen Spielritual wieder aufzufangen. Sie warf und fing, warf und fing ...

Ich fragte mich, wie lange man das um Gottes willen betreiben könnte!

Die Antwort war einfach. Fünf Tage lang. Fünf Tage in der herrlichen Stadt Paris verbrachte Renana damit, am Boden des Hotelzimmers zu sitzen, um kleine Stücke einer zerbrochenen Vase in die Luft zu werfen und aufzufangen ...

»Danken wir Gott für diese Scherben«, flüsterte die beste Ehefrau von allen.

»Was?«

»Scherben.«

Nach fünf Tagen kehrte Renana glückselig nach Hause.

»Es war großartig«, erzählte sie ihrer Freundin Nava am nächsten Tag. »Paris ist Spitze.«

Reisen bildet.

Compukortschnoi

Onkel Benno kam aus Amerika zu Besuch und brachte Geschenke für die ganze Familie mit. Als ich das mir zugedachte auspackte, fand ich ein flaches Kästchen vom Umfang eines Taschenbuchs, mit 16 blitzblanken Druckknöpfen versehen.

»Damit du dich nicht langweilst«, grinste Onkel Benno. »Ein Schach-Computer.«

Ich liebe das Schachspiel seit meiner Jugend. Die ganze Weisheit des Fernen Ostens liegt darin. Schriftsteller, besonders Satiriker, haben eine ähnliche Neigung zum Schach wie Politiker zum Poker. In den frühen Vierzigerjahren war ich sogar drauf und dran, ein Schachbuch zu schreiben. Leider kamen mir die Nazis dazwischen und ich bin damals nur ganz knapp dem drohenden Matt entronnen.

Im Durchschnitt verbringe ich jetzt 36 Stunden täglich mit Onkel Bennos Geschenk. Wir beginnen schon am Morgen zu spielen, noch während ich mich rasiere, und hören erst auf, nachdem ich mit dem Kästchen im Arm zu Bett gegangen bin. Verdrängter Sex? Homoerotische Tendenzen? Möglich. Ich muss gestehen, dass ich an meinem hübschen Spielgefährten mit den süßen Blinkeknöpfchen leidenschaftlich hänge.

Und er ist nicht nur hübsch, er ist auch gescheit. Mit seinem kleinen, zarten Stimmchen piepst er nach jedem Zug – einmal, wenn's theoretisch ein richtiger

Zug war, zweimal, wenn ich einen Fehler gemacht habe. Sein Gegenzug erscheint in roten Chiffren auf einer eigens für ihn eingebauten Fläche.

Ich nenne ihn Compukortschnoi, weil er ein guter Spieler ist. Er ist auch ein guter Verlierer. Wenn ihm klar wird, dass ich die Partie gewinne, lässt er ein trauriges Blinksignal aufleuchten: »I give up« (ich erwähnte schon, dass er aus Amerika kommt). Manchmal hingegen, wenn die Partie sich zu seinen Gunsten wendet, schaut er mich verächtlich an und es erscheint rot auf seiner Fläche: »You bum«, was soviel heißt wie: »Du Patzer«. Und wenn er in eine bedrängte Situation gerät, verlangt er mehr Zeit zum Nachdenken. Er benimmt sich ganz wie ein Mensch. Ob er eines Tags zu sprechen beginnen wird, mein Compukortschnoi? Russisch? Jiddisch?

Die beste Ehefrau von allen hält mich für verrückt, aber das ist natürlich nur Eifersucht. Sie versteht eben nichts vom Schach. Ihre Beziehung zur Geisteswelt des Fernen Ostens beschränkt sich auf Yoga und Joghurt.

Was den Umgang mit Compukortschnoi besonders reizvoll macht, ist die Möglichkeit, mitten in der Partie seinen Intelligenzquotienten zu ändern, genauer: seine schachlichen Fähigkeiten zu steigern oder zu senken. Er verfügt über zehn Leistungsstufen. Auf der Ersten denkt er immer nur eine Sekunde nach und spielt überhaupt wie ein Anfänger. Auf der Zehnten braucht er für manchen Zug eine volle Stunde und ist nicht zu schlagen. Ich stelle ihn meistens auf den dritten Leistungsgrad ein. Und wenn er einen der schäbigen Tricks, mit denen sie ihn in Chicago gefüttert haben, an mir ausprobieren will, degradiere ich ihn mit maliziösem Lächeln auf Rang zwei. Dagegen ist er machtlos. Wer weiß, wie der Weltmeisterschaftskampf auf den Philippinen ausgegangen wäre, wenn sich der wirkliche Kortschnoi in der entscheidenden Partie zu Karpovs Jackett vorgebeugt und durch eine kleine Knopfdrehung den späteren Weltmeister in einen mittelklassigen Turnierspieler verwandelt hätte.

Es muss noch vermerkt werden, dass ich einen schlechten Zug im Bedarfsfall mittels Drucks auf einen Spezialknopf rückgängig machen kann. Er hingegen kann das nicht, weil er nicht fähig ist, seine eigenen Knöpfe zu drücken. Der Mensch ist also einer seelenlosen Maschine immer noch überlegen. Deshalb gewinne ich ja auch jede Partie gegen ihn.

Neuerdings habe ich mir angewöhnt, mit ihm zu sprechen, wie das unter Schachspielern im Kaffeehaus üblich ist.

»Na«, sage ich nach einem raffinierten Zug, »was machst du jetzt, du dummes kleines Spielzeug?«

Ich weiß, dass es ihn erzürnt, als Spielzeug bezeichnet zu werden, aber der Zorn eines Taschenbuchformats schreckt mich nicht.

»Matt in drei Zügen, was? Das könnte dir so passen. Nicht mit mir, mein Kleiner!«

Und schon habe ich ihn auf die nächstniedrigere Stufe eingestellt und reiße seinen Königsflügel auf, dass ihm Hören und Blinken vergeht.

Manche Menschen in meiner Umgebung sind von Compukortschnoi ebenso begeistert wie ich, manche sind es nicht. So informierte mich zum Beispiel die beste Ehefrau von allen, dass ich mich zwischen ihr und »dieser blöden Schachtel« entscheiden müsse. »Entweder er oder ich«, sagte sie und drohte mir, zu ihrer Mutter zurückzukehren. Es war ein richtiges Ultimatum.

Nun, über solche Betriebsunfälle auf Alltagsebene bin ich erhaben. Ich habe die Landung des ersten Menschen auf dem Mond miterlebt, ich habe mich mit dem Farbfernsehen abgefunden, ich bin in das Geheimnis des Reißverschlusses fast eingedrungen und ich verstehe sogar, wie ein Computer funktioniert. Mehr oder weniger. Das heißt: beinahe. Zum restlosen Verständnis fehlen mir noch ein paar Kleinigkeiten. Wieso weiß ein flaches Kästchen im Ausmaß von 10 x 18 cm, dass es den Turm mit einem der beiden Springer decken muss, wenn der Bauer über »E 5« hinauszieht, und dass ihm drei Züge später mein Läufer die Rochade sperren wird? Ich frage: Wieso? Wie füttert man einen Computer mit den entsprechenden Daten? Sagt man ihm in der Fabrik: »Gib acht! Mach keine unvorsichtige Bewegung mit der Dame, solange der König nicht gesichert ist!« Und antwortet er darauf: »Keine Angst, Boss, ich bin nicht von gestern«? Oder wie geht das vor sich?

Schon mehrmals überkam mich die Lust, mit einem Schraubenzieher Compukortschnois Innenleben aufzubrechen. Ich habe es nicht getan. Wahrscheinlich würde ich drinnen nichts weiter finden als eine dünne Platte mit gestanzten Strichen und Punkten, ungefähr wie Mazzes aus Plastik.

Als ich vorige Woche nach Europa fliegen musste, hatte ich das Glück, neben einem Herrn mittleren Alters zu sitzen, der sich gesprächsweise als Fachmann für Elektronik zu erkennen gab.

Sofort zog ich meinen Compukortschnoi hervor, der mich überallhin begleitet.

»Bitte erklären Sie mir, wie das Ding funktioniert! Bitte! So wahr wir dem Himmel näher sind als sonst – ich werde es Ihnen nie vergessen!«

Der Fachmann wog den Gegenstand meiner Wissbegier fachmännisch in der Hand.

»Ganz einfach«, sagte er. »Der Computer speichert jedes mögliche Konzept einer Schachpartie mit bis auf binarische Dezimalstellen berechneten Formeln in ein arithmetisches Diagramm, das an einen bivokal gesteuerten Transistor angeschlossen wird und seine Impulse auf eine durch Dioden zu betätigende Registratur automatisch überträgt.«

Ich ergriff seine Hand und drehte sie im Gelenk so lange einwärts, bis sein Oberkörper eine geometrische Spirale bildete. »Genug von diesen Propagandatexten! Ich will wissen, woher eine Plastik-Mazze die sizilianische Verteidigung kennt!«

»Genau weiß ich es nicht«, flüsterte er gequält. »Niemand weiß es genau. Vielleicht die Japaner …«

»Wie funktioniert ein Schachcomputer?« beharrte ich.

Aus seinem schmerzhaft aufgerissenen Mund entwich mit leisem Zischen etwas Luft. Dann kamen kaum hörbar seine Worte: »Es ist ein Wunder. Und Wunder kann man nicht erklären.«

Ich ließ seine Hand los. Wir knieten nieder und beteten. Dankbar richtete ich meinen Blick zum hohen Himmel empor. Ein Wunder, ja, das ist es! Das kann ich akzeptieren. Aber mit dem Gewäsch von Registern, Dioden und Impulsen möge man mich verschonen. Ich bin schließlich kein Kind. Ich glaube an Wunder.

Seit jenem Tag, seit jener himmlischen Erklärung, begehre ich nicht mehr nachzuforschen, wie ein Schachcomputer funktioniert. Man hat ja auch Bobby Fischer nicht auseinandergenommen, um zu erfahren, wie es bei ihm drinnen aussieht.

Demnächst kaufe ich mir einen zweiten Schachcomputer und erfülle mir einen alten Wunschtraum: Ich lasse die beiden gegeneinander spielen. Dann habe ich endlich Zeit, meine Frau und meine Kinder zu sehen. Sie leben bei meiner Schwiegermutter.

Renanas Weg zur finanziellen Unabhängigkeit

Renana fasste kürzlich einen folgenschweren Entschluss: Sie wollte nicht länger auf ihre verständnislosen Eltern angewiesen sein. Der kürzeste Weg hierzu war ein Aushang in einer Buchhandlung in unserer Nachbarschaft: »Verlässliches Mädchen aus guter Familie interessiert sich für Teilzeitbeschäftigung als Babysitter. Bitte melden.«

Wie nicht anders zu erwarten, meldete sich sehr bald ein potentieller Kunde namens Winternitz am Telefon. Er wollte zunächst einmal wissen, wie alt dieses verlässliche Mädchen aus guter Familie wäre und was unter der semantischen Implikation »Teilzeit« zu verstehen sei.

Eine unerklärliche Loyalität zu meiner Tochter brachte mich dazu, ihr Alter auf dreizehneinhalb zu erhöhen, doch was seine zweite Frage betraf, so konnte ich nur vermuten. Ich murmelte daher irgendetwas von gelegentlichen Stunden.

Anschließend bat ich die beste Ehefrau von allen zu einer Krisensitzung. Wir kamen einstimmig zu dem Entschluss, die Initiative unserer Tochter im Keim zu ersticken, wenn auch ihr Hang zu finanzieller Unabhängigkeit insgeheim zu begrüßen sei.

»Einerseits bin ich froh, dass Renana ehrliche Arbeit sucht und nicht wie die anderen Kinder unserer Nachbarn mit Börsenpapieren spekuliert«, sagte ich zu meiner Frau. »Andererseits bin ich entschieden gegen diesen Job, weil sie noch viel zu jung ist, um so eine Verantwortung zu tragen.«

Nicht, dass sie etwa kränklich wäre. Unsere Renana ist springlebendig wie ein Floh. Leider nicht viel kräftiger. Mit anderen Worten, sie ist ein eher zartes Kind und braucht daher mindestens zehn bis zwölf Stunden Schlaf pro Nacht.

Wir kamen zu dem Schluss, dass sie nicht zur professionellen Kinderbeaufsichtigung geschaffen wäre.

»Keine Sorge«, beruhigte mich die beste Ehefrau von allen, »ich rede ihr das Projekt rasch aus.«

Gesagt, getan. Nach einem verhältnismäßig kurzen Tête-à-tête, währenddessen ein Tête vor Zorn anschwoll, berichtete mir die beste Ehefrau von allen Folgendes:

»Wir haben uns auf einen Kompromiss geeinigt. Renana wird den Job als Babysitter annehmen, aber nicht allein, sondern gemeinsam mit ihrer besten Freundin Nava.«

»Wo ist da ein Kompromiss?«

»Ich weiß nicht«, sagte die beste Ehefrau von allen. »Vorhin hat's noch wie ein Kompromiss geklungen.«

In Gottes Namen, sagte ich mir, sollen sie eben die Teilzeitbeschäftigung unter sich aufteilen. Geteilte Wache ist noch immer besser als überhaupt kein Schlaf.

Es waren nur noch einige kleine technische Details zu klären. Zum Beispiel war es nicht ganz einfach,

Navas Eltern davon zu überzeugen, dass die Teilzeitbeschäftigung zum Wohl ihrer Tochter sein würde.

Dann rief ich Herrn Winternitz an und teilte ihm vertraulich mit, dass ich bereit wäre, die Kosten für Renanas Partnerin zu übernehmen. Dabei erfuhr ich, dass Herr Winternitz Nachtarbeiter ist und Frau Winternitz, die Mutter des zu bewachenden Babys, vor etwa acht Wochen starke Zahnschmerzen verspürte und kurzerhand zu ihrem seit zwei Monaten geschiedenen Zahnarzt gezogen war.

Die erste Arbeitsnacht kam und ging ohne größere Schwierigkeiten.

Renana zog ihren Trainingsanzug an und packte unsere Katze ein, um sie mitzunehmen. Die beiden können nämlich ohne einander nicht schlafen. Ich holte Nava ab und fuhr die beiden Teilzeitbeschäftigten zu ihrem Arbeitsplatz, der etwa dreißig Häuserblocks entfernt war. Natürlich musste ich den beiden versprechen, sie um fünf Uhr morgens wieder abzuholen, denn zu diesem Zeitpunkt kam Herr Winternitz nach Hause.

»Mach dir keine Sorgen«, teilte mir meine unabhängige Tochter mit, während sie vor Nervosität zitterte, »ich bin dieser Verantwortung durchaus gewachsen.«

Weder die beste Ehefrau von allen noch ich konnten in dieser Nacht auch nur eine Sekunde schlafen. Um vier Uhr morgens sprang ich aus dem zerwühlten Bett und raste mit Vollgas zum Haus des Herrn Winternitz. Ob ich dort oder daheim nicht schlafen konnte, blieb sich schließlich gleich.

Zuerst läutete ich an der Tür, dann klopfte ich. Dann läutete ich wieder und schließlich trat ich gegen die Tür, aber niemand kam, um sie zu öffnen.

Also brach ich ein Küchenfenster auf. Zu meiner Erleichterung stellte ich zunächst einmal fest, dass das Babysitterteam anwesend war, wenn auch im Tiefschlaf. Ein zartes Schnarchen entströmte dem Lehnstuhl, auf dem Nava die Nacht durchwachte, während das zu bewachende Objekt mitten im Zimmer auf dem Teppich lag und sich heiser brüllte. Renana hingegen lag friedlich in der Gehschule des brüllenden Babys mit der Katze in den Armen und dem Daumen im Mund.

Ich schaltete blitzartig. Das Bewacherteam wurde auf den Rücksitz meines Wagens verfrachtet und das Baby im Gitterbett verstaut. Nicht eine Sekunde zu früh, denn in diesem Augenblick kam Herr Winternitz heim. Er war mit der Leistung der beiden Nachtwächterinnen höchst zufrieden und zahlte auf der Stelle. Die beiden schlaftrunkenen Nachtarbeiterinnen wussten zwar nicht recht, wie ihnen geschah, aber das Geld war fraglos Geld.

»Siehst du, Papi«, verkündete Renana mit müder Stimme, »ich hab dir doch gesagt, dass ich dieser Verantwortung gewachsen bin.«

Nach einer detaillierten Rekonstruktion der Ereignisse stellte sich heraus, dass zunächst alles glatt gelaufen war. Die beiden Babysitter scheinen erst nach etwa zehn Minuten eingeschlafen zu sein. Irgendwann in der Nacht dürfte die Katze sie aufgeweckt haben. Zu diesem Zeitpunkt war das Baby im Begriff, die Brüstung des Balkons zu erklimmen, um das Nachtleben der Stadt kennenzulernen.

Der Ausreißer wurde unter lautem Protest zurückgeschleppt und was weiter geschah, konnte nie ganz festgestellt werden, außer dass alle Beteiligten das Geschehen einigermaßen heil überstanden hatten.

Wir fanden, es wäre an der Zeit, Regina einzuschalten.

Unsere gute alte Babysitterin Regina wohnt, wie vielleicht einige meiner Leser noch wissen, ziemlich weit draußen in dem Vorort Holon. Es bedurfte einiger Überredungskunst, um sie ihrem wohlverdienten Ruhestand zu entreißen. Schließlich willigte sie ein, getarnt als Tante des alten Winternitz das Babysitterteam zu bewachen. Allerdings unter zwei Bedingungen: »Ich verlange ein Taxi von und nach Holon«, diktierte Regina, »und natürlich doppelte Bezahlung.«

»Warum doppelte Bezahlung?«

»Weil ich schließlich drei Babys zu hüten habe.«

Dagegen war wenig vorzubringen. Ich beauftragte ein Taxiunternehmen mit Reginas nächtlichem Transport und erfuhr bei dieser Gelegenheit, dass nach zwei Uhr früh ein erhöhter Sondertarif in Kraft tritt.

Natürlich hatte ich keine Zeit, mich mit derlei Nebensächlichkeiten herumzuschlagen. Ich engagierte einen Sicherheitsdienst, um die beiden Mädchen auf ihrem nächtlichen Weg zum und vom Arbeitsplatz im Auge zu behalten. Überflüssig zu sagen, dass die Herrschaften für die Nachtstunden auch erhöhte Tarife berechneten. Ich fragte mich, ob es nicht logischer wäre, wenn Nachtwächter bei Tag Überstunden berechneten, konnte mir aber keine Antwort geben.

Die beste Ehefrau von allen argumentierte, dass wir vermutlich Unkosten sparen würden, wenn wir das Winternitz-Baby für die Nachtstunden zu uns bringen ließen, aber daraus könnte schließlich ein psychologischer Schaden für Renana entstehen

In der Nacht darauf tauchte ein neues Problem auf: Die beiden Arbeitnehmerinnen verspürten gegen Mitternacht plötzlich einen Riesenhunger. Mehr als das, sie beschlossen, dass dieser Hunger nur durch Spaghetti zu stillen wäre. Aber Regina weigerte sich, die Küche zu betreten.

»Ich bin professioneller Babysitter«, verkündete sie am nächsten Tag vorwurfsvoll, »und keine Köchin.«

Also engagierte ich die dicke Wirtschafterin der Seligs, um in Winternitzens Küche die Versorgung sowohl für das Bewacherteam als auch für die dazugehörige Katze zu sichern. Die Forderung der dicken Haushälterin war natürlich unverschämt, aber was tun?

Dann gab es nur noch ein Problem. Nava und Renana pflegten wie Schlafwandlerinnen mit geschlossenen Augen durch Winternitzens Wohnung zu torkeln, eine Spur von umgestürzten Möbeln, zerbrochenen Vasen und verstreuten Essensresten hinterlassend. Wir versuchten gar nicht, mit Regina darüber zu verhandeln, wohl wissend, dass sie professioneller Babysitter war und keine Aufwartefrau. Also veranlassten wir unsere eigene Raumpflegerin, täglich um vier Uhr früh bei Winternitz aufzukreuzen.

»Genug!«, schrie die beste Ehefrau von allen leicht hysterisch. »Schluss damit, bevor wir völlig den Überblick verlieren!«

Das Gespräch unter vier Augen mit Renana fand statt und der Kompromiss lautete schlicht: Aufhören kommt überhaupt nicht infrage.

Es scheint, dass das berauschende Gefühl eines festen Einkommens unserer Renana zu Kopf gestiegen ist. Soviel ich weiß, plant sie mit ihren Ersparnissen Aktien zu erwerben, diese mit gewaltigem Gewinn zu verkaufen und dafür Berge von Kaugummi anzuschaffen. Die beste Ehefrau von allen suchte neulich den geschiedenen Zahnarzt auf und bat Frau Winternitz mit erhobenen Händen, zu ihrem Mann zurückzukehren. Oder falls der Zahnarzt seine Zustimmung verweigern sollte, uns wenigstens das Baby adoptieren zu lassen.

Ich habe inzwischen für Renana einen Privatlehrer engagiert, weil sie neuerdings sämtliche Schulstunden durchschläft. Außerdem sprach ich mit meinem Steuerberater. Dieser gab mir den Rat, die riesigen Unkosten aus der Erwerbstätigkeit meiner Tochter von der Steuer abzusetzen. Dazu müsste ich allerdings etwas darüber schreiben.

Was hiermit geschehen ist.

Paka

Mein Neffe Aladar ist ein Neueinwanderer, stammt ebenso wie ich aus Magyarország und hat sein Leben lang nur Ungarisch gesprochen. Diesem Doppelschlag versuchte er dadurch zu entgehen, dass er sofort nach seiner Ankunft Hebräisch lernte. Anscheinend nicht gut genug.

Als die einzige Bratpfanne in seiner bescheidenen Küche einen Sprung bekam, begab er sich zu Landesmann & Abramski, Metallwaren und Haushaltsgegenstände, um einen Lötkolben zu kaufen. Zuvor schlug er in seinem ungarisch-hebräischen Taschenwörterbuch nach: ›Paka‹ = ›Malchem‹ erfuhr er da, denn ›Lötkolben‹ heißt auf Ungarisch ›Paka‹ und auf Hebräisch ›Malchem‹.

So gerüstet wandte sich Aladar in bestem singenden Akzent an den Verkäufer.

»Ich möchte einen großen Malchem.«

Der in Israel geborene Verkäufer kannte – fast möchte man sagen: eben deshalb – so ausgefallene Vokabeln wie Malchem nicht. Er lächelte freundlich und sprach betont langsam.

»Sprechen Sie noch eine andere Sprache? Vielleicht Jiddisch?«

In Aladars Brust erwachte der Patriotismus.

»Ich spreche nur Hebräisch«, brüllte er. »Und wenn Sie mich nicht verstehen, rufen Sie Ihren Chef.«

101

Vom Gebrüll ohnehin herbeigeholt, erschien Herr Landesmann.

»Sie wünschen?«

»Einen Malchem. Einen großen Malchem.«

»Sprechen Sie Deutsch?«

»Malchem«, wiederholte Aladar beharrlich. »Malchem!«

»Was ist das?«

Aladar stürzte sich in die Arme seiner Muttersprache.

»Einen Paka«, rief er zornbebend. »Paka! Verstehen Sie jetzt? Pa-ka!«

Herr Landesmann, durch seinen eigenen deutschen Akzent verunsichert, kapitulierte. Er stotterte etwas Undeutliches, trat an seine Regale, glitt mit der Hand an ihnen entlang und hielt bei jedem Stück mit einem fragenden Blick an. Als er zum Lötkolben kam, nickte Aladar.

»Ach so«, murmelte Herr Landesmann. »Sie wollen einen … hm … einen …«

»Einen Paka«, ergänzte Aladar höhnisch. »So heißt das nämlich. Paka.«

Und er verließ triumphierend den Laden.

Herr Landesmann winkte den Verkäufer zu sich.

»Ich möchte wissen, Jossi, wozu ich mir einen Sabre im Geschäft halte, wenn er von der Kundschaft Hebräisch lernen muss. Schämen Sie sich. Nicht einmal ein so einfaches Wort wie ›Paka‹ kennen Sie.«

»Doch, ich kenne es«, widersprach der im Land Geborene. »Aber bei uns zu Hause haben wir es ›Lotkolban‹ genannt. ›Paka‹ ist, wie soll ich sagen, ein mehr literarischer Ausdruck.«

Ungeduldig wartete Herr Landesmann auf seinen Kompagnon Abramski, einen Schüler des großen Rabbi von Podgoretz und profunden Kenner der hebräischen Sprache.

»Während Ihrer Abwesenheit«, ließ er beiläufig fallen »haben wir einen Paka verkauft.«

»Einen was?«

»Einen Paka. Sogar einen großen.«

Herr Abramski wackelte mit dem Kopf und sagte nichts. Im Geiste schlug er das Buch der Bücher auf ... Kapitel 4, Leviticus: »Und ging zu Tubal, welcher umzugehen wusste mit Stahl und Eisen und ...« Nein, mit Paka nicht. Vielleicht Samuel, Kapitel 15: »Da schärfte ein jeder von den Israeliten Sichel und Pflugschar« und keiner seinen Paka. Ezechiel 33? Auch nichts. Im Talmud? Wie kommt ein Paka in den Talmud? Und wieso weiß dieser Ignorant Landesmann etwas von Paka, wenn ich es nicht weiß?

»Jossi«, ließ er dem Verkäufer gegenüber beiläufig fallen, »wie ich höre, haben Sie heute vormittag einen Paka verkauft?«

»Ja, Herr Abramski. Einen großen Paka. So wie dieser hier.«

Herr Abramski betrachtete den Paka. Seit wann heißt das »Paka«? fragte er sich. Das heißt doch »Malchem«? Aber wenn einer mit hebräischer Muttersprache »Paka« sagt, wird's schon stimmen. Na ja, ich werde alt.

Und Jossi sagte sich: Wenn ein gelehrter Mann wie der alte Abramski das Wort »Paka« gebraucht, dann kann man Gift drauf nehmen, dass es dieses Wort auch wirklich gibt.

»Herr Landesmann«, sagte Jossi ein wenig später, »im Regal ist nur noch ein einziger Paka. Ich glaube, wir sollten ein paar Pakas bestellen.«

Die Sitzung der Metallwarenhändler wurde vom Präsidenten Abramski eröffnet.

»Meine Herren«, begann er, »die Lage ist kritisch. Man verweigert uns die Einfuhrgenehmigung für ein so wichtiges Gerät wie den Paka. Wohin soll das führen ...«

Er sagte nicht »Malchem«, sondern »Paka« und war nicht sicher, ob auch die anderen Metallwarenhändler diesen neuhebräischen Ausdruck verstehen würden. Seine Zweifel waren unbegründet. Die Versammlung nickte wissend, und als Herr Landesmann, der in der vierten Reihe saß, halblaut vor sich hinsagte: »Ein Paka ist ein Lotkolban«, wurde er verächtlich angeblickt.

»Paka« ist zu einem festen Bestandteil unserer Umgangssprache geworden. Nur die Linguisten streiten noch über den Ursprung des Wortes und über seine etymologische Einordnung.

»Keinesfalls«, erklärte Professor Elimelech Bar-Friedländer von der Hebräischen Akademie der Wissenschaften, »dürfen wir diese farbige Vokabel, die sich unter unseren Handwerkern so großer Beliebtheit erfreut, gering schätzen. Auch wenn sich in den hebräischen Quellen keine zuverlässigen Anhaltspunkte finden, ist nicht daran zu zweifeln, dass ›Paka‹ aus der Wurzel ›p-k-k‹ entstanden ist, die verschließen, versiegeln oder verlöten unwillkommener Freiräume meint. Ich begrüße diesen reizvollen Neologismus und wende mich mit aller Entschiedenheit gegen die von meinem geschätzten Kollegen Professor Chavatzelet vertretene These, nach der wir ›Paka‹ nur in der aramäischen Version ›Pa'kah‹ oder ›Pak'ah‹ akzeptieren dürfen. Die Erfahrung hat uns gelehrt, dass der Mann auf der Straße und ihm haben wir die Wiederbelebung unserer Sprache zu danken, alle Bevormundungen ablehnt und eine Unterwanderung des Hebräischen durch fremdsprachige Einflüsse nicht zulässt.

Meine Herrschaften, ich danke für Ihre Aufmerksamkeit.«

Ein Ei, das keinem andern gleicht

Es zeigt sich hier, dass es manchmal leichter ist, ein Lebensmittel zu beschaffen, als es wieder loszuwerden. Das erinnert mich an ein schicksalsschweres Erlebnis, welches natürlich mit Tante Ilka zusammenhängt und das man auch »Rhapsodie in Gelb« übertiteln könnte.

Mein Schicksal erfüllte sich in einem überbesetzten städtischen Omnibus. Es begann damit, dass mein Wagen deutliche Anzeichen von Unwohlsein erkennen ließ. Ich tat, was in solchen Fällen jeder Autofahrer tut, um sich als solcher zu legitimieren: Ich klappte die Kühlerhaube hoch, besichtigte mit Kennerblick die Innereien des Motors, klappte die Kühlerhaube wieder zu und brachte den Wagen zu seinem Lieblingsmechaniker. Dann ging ich zur nächsten Bushaltestelle.

Unterwegs freute ich mich über das schöne Wetter, das ich sonst nicht hätte genießen können. Wie man sieht, hat es auch Vorteile, wenn der Wagen gelegentlich zusammenbricht. Plötzlich kam mir Tante Ilka entgegen. Es hat eben alles auch Nachteile. Sie trug eine Einkaufstasche, aus der ein Karton mit großen, weißen Eiern bedrohlich hervorstand.

»Das sind aber besonders schöne Eier«, sagte ich. Irgendetwas muss man ja schließlich zu Tante Ilka sagen.

»Nicht wahr«, bekräftigte sie stolz. »Nimm dir doch eines.«

Tante Ilka ist seit meinem ersten Buch noch älter geworden und ihre Geisteskräfte lassen nach. Ich versuchte alle möglichen Ausflüchte, das zu verhindern, erkannte aber bald, dass es gescheiter wäre, das Ei zu nehmen, als den Bus zu versäumen. Ich nahm das Ei und verabschiedete mich. Da ein erwachsener Mensch, der mit einem Ei in der Hand daherkommt, auf seine Umwelt vielleicht ein wenig seltsam wirkt, ließ ich das Ei in meine Aktentasche gleiten.

War schon das ein schwerer Fehler, so beging ich einen noch schwereren, als ich, nach einer Viertelstunde Warten auf den Bus und nach all dem Gedränge beim Einsteigen und im Bus selbst, völlig vergaß, dass sich in meiner Aktentasche ein rohes Ei befand.

Ein leises Splittern erinnerte mich daran.

Ich steckte meine Hand in die Aktentasche, wo sie auf etwas Klebriges traf. Als ich sie herauszog, war sie von kränklich gelber Färbung. Ich versuchte sie mit dem anderen Ärmel abzuwischen, denn ich besitze glücklicherweise zwei Ärmel und hatte daraufhin außer einer gelben Hand auch noch einen gelben Ärmel.

Der Versuch, mit dem Taschentuch in der gelben Hand den gelben Ärmel zu säubern, hatte zur Folge, dass jetzt der größere Teil meiner äußeren Erscheinung gelb war. In meiner rechten Hosentasche musste sich ebenfalls ein wenig Gelb angesiedelt haben. Schüchtern, wie ich bin, hatte ich alle diese Operationen so unauffällig wie möglich durchgeführt und in der Hoffnung, niemand habe etwas bemerkt.

»Es tropft!«, hörte ich direkt hinter mir eine ungehaltene Männerstimme.

Offenbar war Tante Ilkas Original-Ei durch die Nähte der Aktentasche hindurchgesickert und tropfte jetzt auf die wunderschönen, hocheleganten Schlangenlederhalbschuhe meines Hintermanns.

»Was ist das, zum Teufel?«, fauchte er und rieb das Schlangenleder mit seinem Handschuh ab.

»Es ist ein Ei«, antwortete ich wahrheitsgemäß. »Entschuldigen Sie bitte.«

Der Mann tat mir von Herzen leid. Das Ei ließ ihn einen ähnlichen Schmerzensweg durchlaufen wie vorher mich: vom Schlangenleder zum Handschuh, vom ersten Handschuh zum zweiten, vom zweiten Handschuh zum Taschentuch und vom Taschentuch – dies allerdings schon unabsichtlich – an die scharf hervorspringende Nase einer knochigen Dame, die unter lautem Gackern die Eierspuren mit ihrem Seidenschal wegzuputzen begann. Nun sind Eierspuren bekanntlich sehr klebefreudig, so dass auf dem Schal in kürzester Zeit ein anmutiges Dottermuster prangte. Die Knochige hielt den Schal zwischen Daumen und Zeigefinger angeekelt von sich weg.

»Ruhe!« Es klang autoritär und befehlsgewohnt von links. »Alles bleibt ruhig! Keine Bewegung!«

Höchste Zeit, dass jemand das Kommando übernahm. Vielleicht war es ein General der Reserve. Die Fahrgäste nahmen Haltung an.

Schon machte ich mir Hoffnungen, dass das Schlimmste vorbei sei, als ich einen unwiderstehlichen Drang zum Niesen verspürte.

Ich musste ihm nachgeben und griff instinktiv nach meinem Taschentuch.

Rings um mich entstand Panik.

»Rühren Sie mich nicht an!«, kreischte eine dicke Frau, als hätte ich mich ihr unsittlich genähert. Auch die übrigen Fahrgäste gingen auf feindselige Distanz. Allmählich kam ich mir wie ein Aussätziger vor.

»Hören Sie, Mann«, sagte der General, der mit seinen zwei gelben Streifen auf der Stirn wie ein indianischer Medizinmann aussah. »Möchten Sie nicht den Bus verlassen?«

»Fällt mir nicht ein«, gab ich wagemutig zurück. »Ich habe noch drei Stationen zu fahren.«

Aber die Menge schlug sich auf die Seite des Generals und brach in laute Aufmunterungsrufe aus, als er, vom Schlangenleder unterstützt, Anstalten traf, mich gewaltsam aus dem Bus zu befördern. Wieder einmal stand ich allein gegen die öffentliche Meinung.

Da schritt ich zur Tat. Blitzschnell tauchte ich meine Hände in die Aktentasche, erst die rechte, dann die linke und hielt sie tropfend hoch.

»So, jetzt könnt ihr mich hinauswerfen«, rief ich.

Murrend wich der Mob zurück. Ich hatte den Wagen in meiner Gewalt. Gebt mir einen Korb mit rohen Eiern und ich erobere die Welt.

Aus der Schar der angstvoll Zusammengedrängten ertönten zaghafte Stimmen.

»Bitte, lieber Herr«, baten sie. »Würden Sie so gut sein und wenigstens die Aktentasche wegtun? Bitte!«

»Na schön. Warum nicht.«

An meinem Großmut hat noch niemand vergebens appelliert. Ich bückte mich nach der Aktentasche.

In diesem Augenblick fuhr der Bus über ein Schlagloch.

Im Vergleich zu dem, was nun folgte, ist eine Slapstickposse aus Stummfilmzeiten ein klassisches Trauerspiel. Ich sprang hinaus und überließ den Bus seiner klebrigen Weiterfahrt.

»Guter Gott.« Die beste Ehefrau von allen schüttelte fassungslos den Kopf, als ich zu Hause ankam. »Was ist geschehen?«

»Tante Ilka«, sagte ich, stürzte ins Badezimmer und blieb eine halbe Stunde lang unter der Dusche, voll bekleidet, mit Aktentasche.

Auf die Frage, ob zuerst das Ei da war oder die Henne, weiß ich auch heute keine Antwort. Ich weiß nur, dass ich in einem öffentlichen Verkehrsmittel lieber mit einer Henne fahren würde als mit einem Ei.

Generationskonflikt auf
literarischer Ebene

Vor einigen Jahren, eigentlich ist es noch länger her, baute sich eines Morgens mein mittlerer Sohn Amir drohend vor meinem Schreibtisch auf.

»Stimmt es«, fragte das aufgeweckte Kind, Aggression in den Augen, »dass du schon wieder ein Buch über deine Kinder geschrieben hast?«

»Ja«, antwortete ich, »das habe ich und es ist mein angestammtes Recht.«

»Vielleicht, vielleicht auch nicht«, antwortete mein Sohn, »aber meinst du nicht, du hättest uns fragen müssen?«

»Das muss ich bestimmt nicht. Ihr seid schließlich noch minderjährig.«

»Wie du meinst.« Und verschwindet. Er ist rothaarig, der Knabe.

»He«, rufe ich ihm nach, »wohin gehst du?«

»Zu meinem Anwalt.«

Ausgelöst wurde die Debatte durch ein 340 Seiten langes, vielbeachtetes Werk aus meiner Feder, das in jenen Tagen unter dem harmlosen Titel »Beste Familiengeschichten« veröffentlicht wurde. Die Enthüllungen schrieb ich über, genauer gesagt, gegen meine drei Kinder, die beste Mami von allen, die Hündin Franzi und die Nachbarn von nebenan. Das Familienepos beginnt mit der Geburt meines Sohnes Raphael vor vielen Jahren und endet niemals. Man könnte es auch provokativ »Die Meuterei der Eltern« nennen, denn ich verfasste es als Beleg dafür, dass die Selbstaufgabe der Eltern gegenüber ihren Kindern eine pathologische Erscheinung darstellt, die auch durch das gnadenlose Regime der Kinder im häuslichen Alltag nicht gerechtfertigt wird.

Ein Beispiel: Vor Kurzem war ich bei einem meiner klügsten Freunde zu Gast und sein kleiner Avigdor, der etwa zwei Meter misst, lief wortlos durchs Zimmer. Der Vater wusste, was von ihm erwartet wird.

»Avi«, flötete er, »hast du dem Onkel guten Tag gesagt?«

»Nein«, sagte Klein-Avi und verschwand in Richtung Videogerät.

Mein kluger Freund strahlte vor väterlichem Stolz.

»Siehst du, das Kind kann einfach nicht lügen.«

Ist mein Freund wirklich so dumm? Vielleicht. Aber es ist nun einmal so, dass wir, die israelischen Väter, die Früchte unserer Lenden, die uns, dank der Sonne und der Jaffa-Orangen, im Durchschnitt um eineinhalb Köpfe überragen, derart vergöttern, dass wir einfach verliebt sind in diese erste nationale Generation des internationalen Judentums, in diese herrlichen Wesen, die, zugegeben, hier und da ein wenig frech, manchmal auch unhöflich oder ungezogen, ein kleines bisschen aggressiv, kurz völlig unausstehlich, aber dennoch unsere Kinder sind?

Sicherheitshalber befragte auch ich meinen Anwalt. Ich wollte wissen, ob Meinungsfreiheit und künstlerische Freiheit auch in Familienangelegenheiten gelten?

Mein Anwalt, der selbst ein paar dieser herrlichen Wesen zu Hause hat, sagte zu, die heikle Angelegenheit gründlich zu prüfen. Er studierte die einschlägigen Akten und zog einen zweiten Rechtsexperten zu Rate. Bereits zwei Tage später meldete er sich.

»Ich konnte in Großbritannien einen Präzedenzfall ermitteln. Eine Waliserin aus Cardiff verklagte im Jahre 1664 ihren Mann, der sie im Lokalblatt als ein ›Musterexemplar von Hexe‹ bezeichnet hatte. Der Fall gelangte bis zum Obersten Gericht vor König Karl II.«

»Und wie ging die Sache aus?«

»Der Mann konnte Beweise erbringen.«

Ich war sehr erleichtert, nun habe ich in meiner Familie einen besseren juristischen Stand. Obwohl ich selbst meine Frau niemals in aller Öffentlichkeit als »Musterexemplar einer Hexe« bezeichnet hätte, dazu verehre ich sie und die Früchte ihres Leibes zu sehr.

Natürlich erlaube ich mir dann und wann, meine Lieben für literarische Zwecke zu nutzen und will auch nicht verschweigen, dass mir meine Familie schon aus mancher Notlage geholfen hat. Wenn in meinem ausgedorrten Gehirn nämlich gar kein satirischer Gedanke mehr zündet, stürme ich in das Zimmer meines mittleren Sohnes Amir und frage: »Ein Zimmer nennst du das? Ein Saustall ist das.« Oder: »Was trödelst du schon wieder herum? Hast du keine Hausaufgaben aufbekommen?«

»Nein«, kommt prompt die Antwort, »unser Lateinlehrer lässt sich morgen scheiden.«

»Immer diese dummen Ausreden«, antwortet Papi
dann und kehrt beschwingt zu seinem Schreibtisch
zurück, bewaffnet mit der Idee zu einer hervorragen-
den Humoreske über einen frustrierten Lateinlehrer,
der sich scheiden lässt, weil … weil seine rotzfrechen
Schüler in seinem Namen eine Heiratsannonce in die
Zeitung gesetzt haben …

Die lustige Geschichte erscheint in der Zeitung und
tags darauf erscheint der Rotschopf an meiner Tür
und kündigt mir an:

»Der Lateinlehrer möchte mit dir sprechen.«

Meine Kinder geben sich aber keineswegs damit zufrieden, literarische Quelle zu sein. Im Gegenteil, meine schriftstellerischen Ergüsse werden von ihnen lau-
fend kontrolliert, aber nicht etwa, weil sie meine Texte
gern lesen. Keineswegs. Mit gerunzelter Stirn wird
Wort für Wort geprüft und nicht der Anflug eines Lä-
chelns, geschweige denn ein anerkennendes Wort
kommt über ihre Lippen, alles dient nur dem juristischen Ziel, eine Verleumdung zu entdecken. Und ihre
Mutter macht mit ihnen gemeinsame Sache.

»Ich habe schon Klügeres gelesen«, lautet die Litera-
turkritik, wenn ich Glück habe. Der Lieblingskom-
mentar meiner zartbesaiteten Gattin ist: »Die Schlus-
spointe ist dir aber total danebengeraten« und ein
Standardzitat meiner Tochter: »Papa, gib's auf.«

Gern haben sie nur die Illustrationen, auf denen sie
gut zu erkennen sind.

»Könntest du deinem Zeichner nicht endlich bei-
bringen«, klagt nur Raphael immer wieder, »dass ich
noch nie Sommersprossen gehabt habe.«

Für die Kinder ist es ganz normal, dass sie in Zeitungen abgebildet sind, dass ihre Porträts die Titelseiten
von Büchern schmücken und dass ihr Vater manche
abenteuerliche Geschichte über sie schreibt. Es ist für
sie nichts Besonderes, bekannt zu sein. Wenn Renana
auf der Straße angesprochen wird: »Bist du nicht zufällig …«, antwortet die Kleine: »Selbstverständlich.«

Habe ich schon erwähnt, dass sie rote Haare hat?

Kritik höre ich auch, wenn ich meine literarische
Gunst ungleich verteile.

»Papa«, klagt dann Amir vorwurfsvoll, »als Rafi in
meinem Alter war, hast du viel öfter über ihn geschrieben als über mich heute.«

Ja, sie sind ziemlich eingebildet, diese Ministars an
meinem Familienhimmel. Aber da ich sie auf dem Al-
tar des hebräischen Humors geopfert habe, kann ich
keine große Dankbarkeit erwarten.

Ich werde mich dem Wunsch der besten Ehefrau
von allen endlich beugen, die kürzlich ein Machtwort
sprach.

»Ephraim«, meinte sie zu ihrer größtmöglichen
Höhe aufgerichtet, »hör auf, uns zu Allgemeingut zu
machen. Such dir gefälligst neue Helden.«

Ich werde wirklich aufhören. Nach dem nächsten
Buch, meine ich.

Der archaische Großvater oder
Schonzeit für Regenschirme

Es war einmal eine Großfamilie, die in einer ziemlich engen Wohnung hauste. Sie bestand aus Vätern und Müttern, Kindern und Enkeln und einem Großvater. Sie alle lebten glücklich und in Eintracht, obwohl Großvater schon 529 Jahre alt war und einige Macken hatte, die in diesem Alter jedoch nicht ungewöhnlich sind.

Großvater hatte zum Beispiel ein Zimmer, in das niemand hineindurfte. Deshalb war dieses Zimmer in den letzten 200 Jahren auch nicht mehr sauber gemacht worden. Auch die Fensterläden waren immer geschlossen. Großvater fühlte sich eben nur in seinem dunklen Kämmerchen wohl. Mühsam war nur, dass er auch von den anderen Familienmitgliedern verlangte, die Fensterläden vor der verdammten Sonne zu schließen, die sich seiner Meinung nach nicht nur um die Erde drehte, sondern auch die Nacht verkürzte. Er verbot auch elektrischen Strom im Hause, denn Großvater hatte schließlich anno 1465 das Licht der Welt erblickt und damals war Kerzenlicht in Mode gewesen.

Die Familie litt schwer unter Großvater, aber niemand wagte, ihm zu widersprechen, da der kleinere, erst 400jährige Bruder Großvaters immer ein wenig Geld aus dem Ausland schickte. Man tröstete sich: »Nur Geduld. Wir sind jung, er ist alt. Irgendwann wird uns Großvater ja doch einmal, Gott behüte, verlassen.«

Nein, es war nicht einfach, mit Großvater auszukommen. Er hatte recht sonderbare Ansichten und war man damit nicht einverstanden, so fluchte er ganz schrecklich, zertrümmerte Fensterscheiben und verbrannte die Möbel. Er verbot der Familie auch Kartoffeln zu essen, da sie in seiner Jugend noch nicht entdeckt worden waren. Und er verlangte, dass bei Regen niemand auf die Straße gehen dürfe, damit die Regenschirme nicht nass würden. Viele Familienmitglieder, gelobt sei ihr Andenken, hatten sich lebenslang getröstet: »Wozu mit ihm streiten, die Zeit arbeitet für uns ...«

Kürzlich erst ordnete Großvater an, seine Urenkel in Einmachgläsern aufwachsen zu lassen, damit sie nicht zu groß würden und sich etwa den Kopf am Türrahmen stießen. Als die Eltern dagegen protestierten, schickte Großvater seinem kleinen Bruder ein Fax und informierte ihn über den Familienaufstand. Der Bruder stellte sofort die Zahlungen ein und verlangte eine umgehende Rückzahlung aller bisherigen Überweisungen. Die Familie verzweifelte jedoch nicht. »Wozu mit Großvater streiten?«, sagten sie. »Dann ziehen wir eben eine Generation in Einmachgläsern auf. Irgendwann wird er ja doch einmal das Zeitliche segnen.«

Sie sitzen noch immer im Dunkeln, essen heimlich Kartoffeln, ziehen Kinder in Einmachgläsern auf und warten und warten und warten ...

Yigal und die Inquisition

Unlängst saß ich im Park auf einer Bank, auf der ein alter Herr in die Lektüre einer jiddischen Zeitung vertieft war. Neben ihm las ein ungefähr zehn Jahre alter Junge in einem blutrünstigen Comic-Heft.

Plötzlich fragte der Junge den alten Herrn: »Großpapa, was ist die Inquisition?«

Großpapa faltete die Zeitung zusammen und holte genießerisch aus.

»Vor Hunderten von Jahren, mein kleiner Yigal, im finsteren Mittelalter, hatten unsere Vorväter ein sehr schweres Leben. Man sperrte sie in Gettos, die von hohen Mauern umgeben waren, und jeder Christ konnte sie treten und anspucken und nach Herzenslust erniedrigen. Ja, ja. So war das damals. Die Steuereintreiber der Fürsten und Bischöfe raubten ihnen das letzte Geld, wenn es ihnen nicht schon die lieben Nachbarn geraubt hatten. Unsere Waisen wurden lebendig verbrannt, unsere Männer wurden zu den niedrigsten Diensten gezwungen, unsere Frauen wurden ...«

»Schon gut«, unterbrach ihn Yigal. »Das genügt. Ich habe dich gefragt, Großpapa, was Inquisition bedeutet.«

»So warte doch. Ich bin gleich so weit. Die Inquisition war ein fürchterliches, grausames Verfahren zur Einschüchterung all derer, die an den Dogmen der

118

Kirche zweifelten. Natürlich waren die Opfer fast immer Juden.«

»Warum ›natürlich‹?«

»Wirst du mich endlich in Ruhe weiterreden lassen?«, ärgerte sich der alte Herr. »Hör doch zu. In den Folterkammern der Inquisition wurden die Opfer von Mönchen in roten Kapuzen entsetzlich gequält. Man zwickte sie mit glühenden Zangen, hängte sie verkehrt herum auf, zog unseren Märtyrern bei lebendigem Leib …«

»Genug«, unterbrach Yigal aufs Neue. »Den Rest bis zur Revolution kannst du überspringen.«

»Bis zu welcher Revolution?«

»Na, der Aufstand der Juden gegen die Mönche.«

»Laß deine dummen Reden, Yigal. Unsere Vorfahren waren fromme, gottesfürchtige Juden, die sich gegen den Willen des Ewigen nicht auflehnten.«

»Was heißt das? Willst du etwa sagen, dass Gott diese Dinge, dass er die Inquisition wollte?«

»Schäm dich, Yigal. Spricht man so von Gott? Unsere Vorfahren waren große Helden, die nicht einmal auf dem Scheiterhaufen von ihrem Glauben abließen. Ihre Überzeugung war unerschütterlich und ihre innere Stärke war gewaltig.«

»Fein. Und dann sind sie schließlich doch auf die Mönche losgegangen?«

»Schweig, du missratenes Kind. Deine einzige Entschuldigung ist, dass du nicht weißt, wovon du sprichst. Unsere Vorfahren glaubten so fest an Gottes Gerechtigkeit, dass selbst ihre Folterknechte von bleichem Schrecken erfasst wurden und aus Angst immer mehr und mehr unschuldige Opfer töteten.«

»Ist das ein Witz, Opa?«

»Ruhe. Willst du vielleicht gar das Andenken unserer Märtyrer entweihen? Wenn sie der Inquisition nicht so heldenhaft Widerstand geleistet hätten, wärest du heute kein Jude.«

»Das ist nicht wahr«, empörte sich Yigal. »Ich wäre auf jeden Fall ein Jude, weil ich in Israel geboren bin.«

»Ein Heide bist du, sonst nichts. Weil du keine Ehrfurcht vor dem Heldenmut unserer Vorfahren hast.«

»Quatsch«, rief Yigal und sprang auf. »Willst du mir einreden, dass es Gottes Wille wäre, wenn mich die Mönche verbrennen? Sei nicht bös, Großpapa, aber das ist ein Unsinn. Und deine Vorfahren müssen fürchterliche Waschlappen gewesen sein.«

Damit wandte Yigal sich ab und ließ uns sitzen.

»Was sagst du da, was?«, zürnte der alte Herr hinter ihm her. Dann wandte er sich kopfschüttelnd an mich. »Waschlappen! Ist Ihnen eine solche Unverschämtheit jemals untergekommen? Und für diese Brut haben wir unseren Staat gebaut. Sind sie nicht fürchterlich? Sagen Sie selbst, sind sie nicht fürchterlich?« Er schüttelte nochmals den Kopf, seufzte tief auf und sagte leise: »Gott segne sie.«

Der Schaukelhengst

Als der Kusine meines Freundes Jossele ein Sohn geboren wurde, wollte ich dem Kleinen ein besonders schönes Geschenk kaufen, ohne Rücksicht auf die Kosten. Daher schrieb ich einen Brief an meinen Onkel Egon nach Amerika. Knappe zehn Tage später wurde ich vom Zoll benachrichtigt, dass ein großes Paket für mich angekommen sei.

Der Zollbeamte, bei dem ich landete, war außerordentlich höflich und schälte mit Engelsgeduld eine Papierhülle nach der andern ab, bis sich schließlich ein stattliches Schaukelpferd zeigte.

Ein wenig ärgerte ich mich über Onkel Egon. Der glückliche Sohn war um diese Zeit zwei Wochen alt und ein zwei Wochen altes Baby braucht kein Schaukelpferd. Aber nun war es einmal da, und ich wollte es ausprobieren. Doch das erlaubte mir der Beamte nicht. Ich dürfe das Schaukelpferd nicht anrühren, bevor ich nicht die Zollgebühr von 871,30 Pfund bezahlt hätte.

»Das ist ja der helle Wahnsinn! Warum so viel?«

»Sehen Sie selbst«, sagte der Beamte und hielt mir irgendeine Gebührentabelle unter die Nase. »Es handelt sich um ein zu Reitzwecken importiertes Vollblut.«

»Vollblut? Wovon sprechen Sie?«

»Unser beeideter Sachverständiger hat diesen

121

Hengst als dreijähriges, hochgezüchtetes, normannisches Rennpferd eingestuft. Und erzählen Sie mir gefälligst nicht, dass es aus Holz ist, denn in Paragraph 117/82/kp steht kein Wort davon, aus welchem Material ein Pferd hergestellt wird. Ein Pferd ist ein Pferd.«

Da er jedoch nicht nur Beamter, sondern auch Mensch war, riet er mir, in einer Eingabe an die Zollbehörde das Pferd als »Spielzeug« zu deklarieren.

Die Eingabe ging ihren vorschriftsmäßigen Weg und schon nach wenigen Wochen erhielt ich den abschlägigen Bescheid. Ich beauftragte sofort einen Rechtsanwalt, der zu dem Schluss kam, dass die Höhe des Zollbetrags auf den Vermerk »für Reitzwecke« zurückginge. Die Zollgebühr für Nutzpferde sei bedeutend niedriger. Wir baten daher, das Pferd als »Nutzpferd« einzustufen.

Bald darauf erschien ein hoher Beamter des Landwirtschaftsministeriums und machte mich darauf aufmerksam, dass ich vergessen hatte, den Namen des Pferdes anzuführen.

»Schultheiß«, sagte ich, denn ich besaß einen pferdegesichtigen Freund, der so hieß. Der Beamte notierte den Namen und übergab mir eine Kopie.

Von da an ging alles glatt. Das Landwirtschaftsministerium verständigte mich, dass ich Schultheiß als Nutzpferd führen dürfe, sobald ich den Nachweis erbracht hätte, dass ich ihn für die Zucht benötige. Da es ein offenes Geheimnis war, dass ich keine Pferdezucht besaß, wandte ich mich von Neuem an meinen Anwalt, der mir nach Prüfung der einschlägigen Gesetze mitteilte, dass schon der Besitz einer einzigen Stute mich zur Haltung eines Hengstes berechtige. Wir verständigten das Landwirtschaftsministerium, dass meine Stute Brunhilde in Jaffa eingestellt sei. Ein Jokkey bestätigte mir gegen nur fünfzig Pfund, dass Brunhilde rossig und ein sofortiges Eingreifen Schultheißens von größter Wichtigkeit für die israelische Pferdezucht wäre.

Eine Woche später läutete es an meiner Tür. Zwei Detektive mit Hausdurchsuchungsbefehl drangen ein. Der Staat Israel hatte mich auf Betrug verklagt.

»Sie wollen uns einreden, dass ein Schaukelpferd Fohlen kriegen kann?«, schnauzte einer der Detektive mich an. »Halten Sie uns für komplette Idioten?«

Ich bejahte, packte das Nötigste zusammen und nahm Abschied von meinem Weib. Erst im letzten Augenblick fand ich meine oft bewährte Schlagfertigkeit wieder.

»Aber meine Herren«, sagte ich. »Wissen Sie denn nicht, dass auch Brunhilde ein Schaukelpferd ist?«

Die Detektive flüsterten miteinander, entschieden, dass dies natürlich die Sache grundlegend ändere, und verabschiedeten sich. Zwei Stunden später erhielt ich eine Rechnung über 117 Pfund für »Stallgebühren für Hengst Schultheiß«. Ein weiterer Zwischenfall ergab sich mit dem von der Regierung eingesetzten Tierarzt, der den staubbedeckten Schultheiß im Zolldepot untersuchte und einen »unhygienischen Zustand, möglicherweise ansteckend« diagnostizierte.

Das wäre gefährlich geworden, aber zum Glück

stellte sich heraus, dass ein Vetter des Pferdedoktors mit dem Schwager von Frau Toscanini verwandt war, die den Zusatz »Die Zeugungsfähigkeit des Hengstes ist zweifelhaft« durchsetzte.

Leider waren damit immer noch nicht alle Schwierigkeiten aus der Welt geschafft. Das Landwirtschaftsministerium wollte wissen, wo ich die Schaukelstute namens Brunhilde gekauft und wieviel Luxussteuer ich für sie bezahlt hätte. Zu diesem Zeitpunkt gab mein Anwalt mit der Begründung, dass er eine Familie erhalten müsse, meinen Fall ab.

In der darauffolgenden Nacht wurde ich verhaftet.

Die Verhandlung war kurz. Dank meiner bisherigen Unbescholtenheit bekam ich nur zwei Jahre Gefängnis. Die drei Monate, die ich in Verkehr mit den Behörden gestanden hatte, wurden mir angerechnet.

Man wies mich in die Zelle Nummer 18 des alten Gefängnisses von Jaffa ein. Anfangs litt ich sehr unter dem ungerechten Urteil und vor allem unter der Einsamkeit, aber eines Tages ging die Zellentür auf und ich erhielt die Gesellschaft eines gutartigen, wenngleich etwas heruntergekommenen Zugpferdes. Es war gleichfalls wegen Betrugs verurteilt worden, weil es sich vor den Hafenbehörden in Haifa als Schaukelpferd ausgegeben hatte.

Mit Mazzes versehen

Die epochale Erfindung während unseres Exodus war das ungesäuerte Brot, in der Mehrzahl »Mazzoth« genannt, im Sprachgebrauch »Mazzes«. Begreiflicherweise hatten unsere Vorfahren auf der Flucht aus Ägypten keine Zeit, sich mit der Zubereitung von Sauerteig abzugeben, und zur Erinnerung daran essen wir noch heute während des Pessachfestes ausschließlich ungesäuertes Brot, um uns darüber zu freuen, dass wir damals der ägyptischen Sklaverei entronnen sind.

Wir freuen uns volle acht Tage lang, denn so lange dauert das Pessachfest. Falls irgendjemand einmal versucht haben sollte, acht Tage lang von puren Pappendeckeln zu leben, wird er begreifen, warum wir für den Rest des Jahres nur noch auf gesäuertes Brot Wert legen.

An einem dieser Nach-Pessach-Tage, einem Mittwoch, wenn ich nicht irre, nein, an einem Dienstag traf ich in der Stadt meinen Freund Jossele, der unter seinem Arm ein großes viereckiges, in braunes Packpapier eingeschlagenes Paket trug. Wir gingen ein Stück miteinander und unterhielten uns über verschiedene Probleme der Philosophie und über die aktuellen Börsenkurse. Plötzlich blieb Jossele stehen und reichte mir das Paket.

»Bitte sei so gut und halt mir das eine Minute. Ich muss in diesem Haus etwas abholen. Bin gleich wieder da.«

Nachdem ich eine Stunde mit dem Paket in der Hand gewartet hatte, ahnte ich Böses und ging Jossele suchen. Die Bewohner des Hauses, in dem Jossele verschwunden war, waren empört. Jossele hatte die Rückmauer des Hauses gewaltsam durchbrochen und war verschwunden. Meine Ahnungen verstärkten sich. Nervös riss ich das braune Packpapier auf und fand darin eine Schachtel Mazzes mit dem noch unversehrten Siegel des Rabbinats.

Zunächst schien mir Josseles Vorgehen rätselhaft. Was hatte ihn zu seiner Verzweiflungstat veranlasst? Vor allem aber, was sollte ich mit den Mazzes anfangen? Ich brauchte sie nicht. Ich hatte noch sechs Schachteln zu Hause.

Kurz entschlossen verpackte ich das Paket wieder und reichte es einem Hausbewohner.

»Entschuldigen Sie«, sagte ich. »Könnten Sie so liebenswürdig sein, mir das einen Augenblick zu halten?«

Der Mann drückte das Paket gegen ein Ohr, was ein verräterisches Knacken zur Folge hatte, und riss triumphierend die Verpackung auf.

»Dachte ich's doch!«, rief er aus. »Da sind Sie aber an den Falschen geraten, mein Herr. Ich habe selbst noch neun Pakete, die ich nicht loswerde. Verschwinden Sie mitsamt Ihren Mazzes und lassen Sie sich hier nie wieder blicken.«

Jetzt begann ich Josseles Verzweiflung zu verstehen, ja nachzufühlen. Aber das änderte nichts daran, dass ich mich der Brösel entledigen musste.

In der nächsten Grünanlage legte ich das Paket

unauffällig auf eine Bank und machte mich hastig aus dem Staub. Aber schon nach wenigen Schritten meldeten sich die ersten Gewissensbisse. »Schande über dich!« hörte ich meine traditionsbewusste innere Stimme flüstern. »Läßt man Mazzes in der Wildnis liegen? Dazu sind wir aus Ägypten ausgezogen? Hat uns der Herr dazu aus den Banden Pharaos befreit?« Es war die Erkenntnis, etwas Unrechtes getan zu haben, die mich in den Park zum verwaisten Mazzespaket zurückzog.

Zu meiner Verblüffung lagen jetzt zwei auf der Bank. Irgendjemand hatte meine kurze Abwesenheit schamlos ausgenutzt. Was blieb mir übrig, als beide Pakete mitzunehmen. Ich wunderte mich nur, dass ein Jude einem andern Juden so etwas antun kann.

In Schweiß gebadet kam ich zum Haus meines Onkels Jakob, in das ich durchs Küchenfenster einsteigen musste, weil die Haustür von großen viereckigen Paketen in braunem Packpapier verbarrikadiert war. Wir plauderten ein Weilchen über dies und das, dann tat ich, als wäre mir etwas sehr Dringendes eingefallen, entschuldigte mich ganz plötzlich und sprang zum Fenster hinaus. Unten auf der Straße lachte ich mich halbtot, meine Mazzes waren jetzt beim guten alten Onkel Jakob bestens aufgehoben.

Ich war noch keine zehn Minuten zu Hause, da klopfte es. Ein Jemenite stand vor der Tür, schob sechs Pakete Mazzes herein, warf einen Brief hinterher und verschwand.

»Sende Dir die sechs Pakete Mazzes, die Du bei mir vergessen hast«, schrieb der gute alte Onkel Jakob.

»Möchte Dich nicht berauben. Gib nächstens besser acht.«

Am nächsten Tag mietete ich einen dreirädrigen Lieferwagen, beförderte die Pakete zum nächsten Postamt und schickte sie anonym an Schlomo, der in einem weit entfernten Kibbuz lebte. Ich war sehr stolz auf diesen Einfall.

Aber ich war nicht der Einzige, der ihn hatte. Drei Tage später brachte mir die Post, gleichfalls anonym, vierzehn Pakete Mazzes. Vier wurden mir von einer internationalen Transportgesellschaft zugestellt und durch ein Fenster, das ich unvorsichtigerweise offen gelassen hatte, flogen mir zwei weitere herein.

Mühevoll bahnte ich mir am nächsten Morgen durch Berge von Mazzespaketen den Weg ins Freie. Da erblickte ich einen betagten Bettler, der an der Hausmauer ein kleines Schläfchen in der Frühjahrssonne hielt. Munter pfeifend, pirschte ich mich an ihn heran.

»Haben Sie Hunger, mein Alter? Möchten Sie nicht etwas Gutes essen?«

Der Bettler sah mich prüfend an.

»Wie viele?«, fragte er.

»Sechsundzwanzig«, flüsterte ich. »Kleines Format, dünn, gut erhalten.«

Der alte Bettler dachte über meinen Vorschlag nach. Dann entschied er sich.

»Im Allgemeinen bekomme ich fünf Pfund pro Schachtel. Aber bei größeren Mengen gebe ich Rabatt. Macht also 300 Pfund, mit Garantie.«

Ich kann mich jetzt in meiner Wohnung wieder frei bewegen, wenn ich auch gestehen muss, dass mir die Mazzes irgendwie fehlen. Ein Paket hätte ich vielleicht behalten sollen. Moses soll schließlich nicht dafür büßen müssen, dass er Ägypten so rasch verlassen hat.

Kontakt mit dem Jenseits

Psychologie ohne Parapsychologie ist wie Fernsehen ohne Antenne. Diese noch nicht ganz exakte Wissenschaft eröffnet dem Bewusstsein unterbewusste Fenster. Das Problem ist allerdings, dass das Bewusstsein sie meistens nicht mehr schließen kann.

Mein diesbezügliches Erlebnis nahm seinen Anfang, als ich auf dem Heimweg Kunstetter begegnete. Wir plauderten eine Weile über den erfreulichen Anstieg des Dollarkurses und den bevorstehenden Weltuntergang. Dann zuckte Kunstetter die Schultern.

»Eigentlich interessiert mich das alles nicht. Ich bin Spiritist.«

Aus meinem Gesichtsausdruck muss klar hervorgegangen sein, wofür ich ihn hielt, denn er zeigte sich beleidigt. »Ihr blödsinniges Grinsen«, sagte er, »beweist mir nur, dass Sie ein vollkommener Ignorant sind. Was wissen Sie denn überhaupt vom Spiritismus?«

»Nicht viel«, gestand ich. »Ein paar Leute setzen sich zusammen, beginnen mit den Geistern der Verstorbenen zu reden und verraten niemandem, wie der Schwindel zustandekommt.«

Kunstetters Gesicht verfärbte sich. Mit rauhem Griff packte er mich am Arm und schleppte mich ab. Ich protestierte leidenschaftlich, ich machte geltend, dass ich zum Medium völlig ungeeignet und überdies ein Skeptiker sei – es half nichts.

In dem kleinen Zimmer waren fünf traurige Männer und drei schläfrige Frauen versammelt. Erst nachdem er mich vorgestellt hatte, ließ Kunstetter meinen Arm los und sagte: »Dieser Bursche glaubt nicht an …«

Er brauchte nicht weiterzusprechen. Das empörte Murren der Anwesenden nahm ihm das ab.

Einer von ihnen informierte mich, dass auch er vor fünfzehn Jahren so ein hochnäsiger Zweifler gewesen sei. Aber dann hätte Rabbi Akiba bei einer Séance auf Befragen seine Telefonnummer auswendig gewusst (die des Fragestellers versteht sich), und seither hätte er Nacht für Nacht jeden beliebigen Geist beschworen. Dadurch wäre er innerlich so gefestigt, dass die Welt, was ihn beträfe, getrost in Trümmer gehen könnte.

Ich erkundigte mich bei den Mitgliedern des Cercles, ob sie schon einmal einen wirklichen, lebendigen Geist gesehen hätten. Sie lächelten nachsichtig, etwa so, wie ein milder Vater seinem zurückgebliebenen Kind zulächelt. Kunstetter verdunkelte das Zimmer und bedeckte den Tisch mit einem Wachstuch, auf dem sämtliche Buchstaben des Aleph-Beths, sämtliche Ziffern von 0 bis 9, einige gebräuchliche hebräische Abkürzungen, die Worte »Ja« und »Nein« sowie ein Fragezeichen aufgemalt waren. Dann stellte er ein leeres Glas auf den Tisch und sprach:

»Wir werden uns jetzt um den Tisch setzen und mit unseren Fingerspitzen ganz leicht das Glas berühren. Drücken ist überflüssig, denn schon nach wenigen Minuten werden wir Kontakt mit einem Geist hergestellt haben und das Glas wird sich von selbst bewegen.«

Minutenlang saßen wir reglos im geheimnisvollen Halbdunkel. Nur die Spitzen der glimmenden Zigaretten bewegten sich wie nervöse Glühwürmer. Dann begann mein rechter Arm einzuschlafen. Ich wechselte auf den linken.

»Nun?«, fragte ich. »Nun?«

Ein vielfaches »Pst!« zischte mich nieder und die Kontaktsuche ging weiter.

Eine Viertelstunde später, als meine Nerven das Schweigen nicht länger ertrugen, kam mir ein großartiger Einfall: Ich stieß mit der Spitze meines Zeigefingers ganz leicht gegen das Glas. Wunder über Wunder! Es bewegte sich.

»Kontakt!«, verkündete Kunstetter und wandte sich an den Geist. »Sei gegrüßt in unserer Mitte, teurer Bruder. Gib uns ein Zeichen deiner Freundschaft.«

Das Glas begann zu wandern und hielt auf einer der hebräischen Abkürzungen inne. Höchste Spannung ergriff die Runde. Auch ich fühlte einen seltsamen Druck in der Magengrube.

»Danke, teurer Bruder«, flüsterte Kunstetter. »Und nun sage uns, wo du bist und wie du heißt.«

Wieder rutschte das Glas auf dem Wachstuch hin und her, um von Zeit zu Zeit auf einem bestimmten Buchstaben stehenzubleiben. Eine der Spiritistinnen setzte das Ergebnis zusammen. Es lautete:

»M-R-4-K-?-L-L-L-.«

»Komischer Name«, bemerkte ich. Kunstetter klärte mich auf.

»Offenbar handelt es sich um einen Spion. Spione

haben immer chiffrierte Namen, damit man sie nicht erkennt.«

Sodann nahm er das Gespräch mit dem Geist des Spions wieder auf.

»Aus welchem Land kommst du, teurer Bruder?«

Das Glas zögerte einen Augenblick, dann entschloss es sich zu einer Art Pendelverkehr zwischen zwei Buchstaben:

»B-L-B-L-B-L.«

»Der arme Kerl scheint ein Stotterer zu sein«, stellte Kunstetter fest. »Aber es ist klar, dass er aus Belgien kommt.«

»Wieso spricht er dann Hebräisch?«, fragte ich.

»Teurer Bruder!« Aus Kunstetters Stimme zitterte unterdrückter Ärger. »Sprichst du Hebräisch?«

Unverzüglich sprang das Glas auf »Nein«. Es war eine sehr peinliche Situation, die Kunstetter nur dadurch zu bereinigen wusste, dass er den Geist kurzerhand entließ.

»Danke, teurer Bruder. Komm wieder, wenn du Hebräisch sprechen kannst. In der Zwischenzeit sende uns jemand anderen.«

Der Geist machte sich eilends davon, und die Kontaktsuche nahm ihren grimmigen Fortgang. Kunstetter fragte, mit wem wir jetzt am liebsten sprechen würden. Ich beantragte Moses, vor allem deshalb, weil er des Hebräischen mächtig war. Mein Vorschlag wurde aus Gründen der Pietät abgelehnt.

Schließlich einigten wir uns auf Moses' Bruder Aaron, legten unsere Finger an den Rand des Glases und warteten. Um diese Zeit war ich bereits mit den wissenschaftlichen Grundlagen des Spiritismus vertraut. Blitzartig hatte mich die Erkenntnis überkommen, dass das Glas sich nur bewegte, wenn es geschoben wurde. Warum sollte sich auch ein ganz gewöhnliches Wasserglas ohne fremde Hilfe bewegen? Ein Glas und ein Ringelspiel. Um die ganze Wahrheit zu sagen: Das Eingeständnis des Spions, dass er nicht Hebräisch spräche, war mein Werk gewesen. Und? Gibt es vielleicht ein Gesetz gegen gute Medien?

Als ich meinen rechten Arm kaum noch spürte, erschien Aaron. Er begrüßte uns regelrecht auf der entsprechenden hebräischen Abkürzung und erklärte sich zu jeder Mitarbeit bereit.

»Woher kommst du, teurer Bruder?«, fragte Kunstetter mit begreiflicher Erregung (sprach er doch zu einem nahen Verwandten unseres Lehrers Moses).

Das Glas vollzog die Antwort S-I-N-A-I. Es waren erhabene Augenblicke. Wir wagten kaum zu atmen. Eine der Frauen kreischte auf, weil sie über dem Blumentopf einen grünlichen Schimmer gesehen hatte. Nur Kunstetter blieb ruhig.

»Die richtige Antwort überrascht mich nicht«, sagte er.

»So ist es immer, wenn wir einen vollkommenen Kontakt hergestellt haben. Teurer Bruder!«, wandte er sich an Aarons Geist. »Sage uns, welche Juden dir am liebsten sind!«

Unter lautloser Stille kam Aarons Antwort:

»K-Ö-N-I-G D-A-V-I-D ... S-A-L-O-M-O-N
D-E-R W-E-I-S-E ... B-E-N-G-U-R-I-O-N ...
E-P-H-R-A-I-M K-I-S-H-O-N ...«

Zornige Blicke trafen mich, als wäre es meine
Schuld, dass Aaron gerne gute Satiren las. Die Finger
schmerzten mich, denn Kunstetter hatte durch außerordentlich starken Gegendruck die für mich so
schmeichelhafte Äußerung Aarons zu hintertreiben
versucht.

Jetzt war die Reihe an mir.

»Aaron, mein teurer Bruder«, fragte ich, »glaubst du
an Spiritismus?«

Kein Geist sah jemals solchen Streit der Finger. Meine Handmuskeln sind nicht die schwächsten, aber
Kunstetter leistete verzweifelten Widerstand. Selbst
im Halbdunkel konnte ich sehen, wie sein Gesicht
purpurrot anlief – mit solcher Anstrengung wollte er
eine negative Antwort des Geistes verhindern. Denn
ein Geist, der nicht an Spiritismus glaubt, wäre ja wirklich kein Geist.

Ich war entschlossen, nicht nachzugeben, und sollte es mein Handgelenk kosten. Mit übermenschlicher
Kraft drückte ich das Glas in die Richtung »Nein«,
während Kunstetter es zum »Ja« hinmanövrieren
wollte.

Minutenlang tobte der stumme Kampf im Nie-
mandsland des Fragezeichens.

Dann brach das Glas entzwei.

»Der Geist ist böse«, sagte jemand. »Kein Wunder
bei solchen Fragen.«

Kunstetter massierte sich die verkrampften Finger und hasste mich. Ich wollte wissen, ob ich eine Frage stellen könnte, deren Antwort nur mir allein bekannt wäre. Kunstetter bejahte widerwillig und warf ein frisches Glas in den Ring.

»Was hat mir mein Onkel Egon zur Bar-Mizwa geschenkt?«, fragte ich.

»Teurer Bruder Egon, gib uns ein Zeichen!« Die Stimme Kunstetters klang flehentlich in die Dunkelheit. »Erscheine, Onkel Egon! Erscheine!«

Ich zog meine Hand zurück, um nicht verdächtigt zu werden, dass ich den Gang der Ereignisse beeinflusse.

Und dann geschah es. Nach einigen Minuten erschien Onkel Egons Geist, das Glas bewegte sich und die Antwort lautete:

»P-I-N-G-P-O-N-G.«

Draußen auf dem Balkon kam ich wieder zu mir. Der triumphierende Kunstetter flößte mir gerade ein drittes Glas Brandy ein.

An meinem dreizehnten Geburtstag, zur Feier meiner Mannwerdung, hatte ich von Onkel Egon tatsächlich ein Ping-Pong geschenkt bekommen.

Schweißgebadet verließ ich die Séance. Ich kann mir das alles bis heute nicht erklären. Auch Onkel Egon, der in Jaffa lebt und sich bester Gesundheit erfreut, weiß keine Antwort.

Entspannung

Wir müssen zugeben, dass wir trotz allem prachtvolle Reisen erlebt haben. Wir haben die Alte und die Neue Welt kennengelernt, haben überall interessante Menschen aus Israel getroffen, die meisten unserer ausländischen Botschaften besucht und ein hervorragendes Konzert des israelischen Symphonieorchesters gehört, das sich gerade auf einer Tournee durch die Vereinigten Staaten befand.

Wahrscheinlich waren es diese vielen Begegnungen mit Israelis, die uns immer heftiger nach Hause trieben. Wahrscheinlich waren es die überwältigenden Landschaftsbilder, die ragenden Bergesgipfel Europas und die unermesslichen Prärien Amerikas, die unsere Sehnsucht nach jenem Miniaturstaat entfachten, in dem wir leben und in dem es auch sonst sehr originell zugeht. Wir sehnten uns nach der engen, gewundenen Überlandstraße von Tel Aviv nach Jerusalem, die zu beiden Seiten von jugendlichen Autostoppern flankiert wird, wir sehnten uns nach den Schildern, die sie hochhalten und die auf der einen Seite die Angabe des gewünschten Reiseziels tragen, auf der andern Seite – aber das sieht man erst, wenn man sich im Weiterfahren umdreht – die einladende Aufforderung: »Zerplatz!« Wir sehnten uns nach dem Strand von Naharia, wo die Leute Ende August, auf dem Höhepunkt der Sommerhitze, nicht mehr ins Wasser gehen, weil es zu Hause in Polen um diese Zeit schon zu kalt war. Wir sehnten uns nach den Kinos von Tel Aviv, wo es geschehen kann, dass man mutterseelenallein vor dem Kassenschalter steht und dass einem plötzlich ein wildfremder Mensch jovial auf die Schulter klopft: »Können Sie gleich auch für mich eine Karte nehmen? Ich stehe so ungern Schlange.« Wir sehnten uns nach unsrer Heimat.

Mit einem Mal waren sie uns fürchterlich fremd, all diese fremden Länder mit ihrer erstklassigen Organisation, mit ihrem perfekt eingerichteten Leben, mit Expressbriefen, die tatsächlich vor der normalen Postzustellung ankommen, mit Bahnhofsuhren, von denen man die genaue Zeit ablesen kann, mit Personenaufzügen, die bis ins oberste Stockwerk fahren, mit Feuerzeugen, die wirklich Feuer geben. Wir wollten endlich wieder zweifeln dürfen, ob die Zeit, die wir von der öffentlichen Uhr ablasen, richtig war oder nicht, wollten endlich wieder den Briefträger verfluchen, der den dringend erwarteten Expressbrief nicht zugestellt hatte, weil ihm nicht sofort nach dem ersten Läuten die Tür geöffnet wurde, wollten endlich wieder feuchte Zündhölzchen vergebens an der feuchten Phosphorfläche reiben, endlich wieder in einem Land sein, wo es einerseits Atomreaktoren gibt und andererseits zu den Personenaufzügen das Schild »Außer Betrieb« gleich mitgeliefert wird. Wir wollten wieder oben auf dem Berg Karmel stehen und plötzlich, während wir trunkenen Blicks das unvergleichliche Panorama des Hafens von Haifa in uns aufnahmen, einen schmerzhaften Tritt in den Hintern verspüren und jäh herumfahren und einem bärtigen Unbekannten gegenüberstehen, der zwar ein wenig überrascht, aber in keiner Weise verlegen die Worte hören lässt: »Entschuldigen Sie – ich habe Sie für jemand andern gehalten.«

»Und? Was soll's? Darf ich fragen, warum Sie jemand andern in den Hintern getreten hätten?«

»Nein, das dürfen Sie nicht. Das geht Sie gar nichts an.«

O Heimat ... O Heimweh ...

Man muss es uns am Gesicht angesehen haben. Onkel Harry zog mich beiseite und sprach mir Trost zu.

»Ich weiß, dass ihr die Tage bis zu eurer Abreise zählt. Und das macht euch natürlich nervös. Wir Amerikaner haben große Erfahrung im täglichen Kampf gegen diesen Fluch unseres Jahrhunderts – gegen die Nervosität. Wir wissen Bescheid. ›Entspannung‹ heißt das Motto. Es hilft nichts, sich vor Nervosität zu verzehren. Warum seid ihr so nervös? Entspannt euch! Lacht! Seid glücklich!«

Mit diesen Worten streckte sich Onkel Harry auf die Couch und schloss seine Augen. »Ich entspanne mich ... ich bin bereits entspannt ... ich bin vollkommen ruhig ... ich habe alle Sorgen vergessen ... ich wiege mich auf den sanften Wellen der Entspannung ... Großer Gott! Halb zwölf?! Mein Anwalt wartet auf mich ...«

Er sprang auf und stürzte in den glühendheißen Sommertag hinaus. Ich nahm seinen Platz ein und versuchte seinem Rat zu folgen. Ich versuchte mich zu entspannen, nicht nervös zu sein, meine Sorgen zu vergessen, mich frei und unbelastet zu fühlen, an nichts zu denken, nicht an unsere Abreise und nicht an die neuen Koffer, deren Schlüssel verlorengegangen waren ... nicht an unsere Wohnung in Tel Aviv, in der das Wasser jetzt schon einen halben Meter hoch stehen musste, weil wir den Hahn nicht abgedreht hatten ... nicht an das Flugzeug, das nach dem Gesetz der Serie für einen Absturz fällig war ... nicht an unsere Pässe, die wir schon seit drei Tagen nirgends finden konnten ... nicht an das Telegramm, das ich schon längst hätte abschicken sollen ...

Verzweifelt hockte ich auf der Couch, zitternd am ganzen Körper, ein klägliches Nervenbündel, ein Wrack. Die Erkenntnis, dass jeder beliebige Amerikaner sich beliebig entspannen konnte und ich trotz größter Mühe nicht, brachte mich dem Irrsinn nahe. Tante Trude, die zufällig ins Zimmer kam, merkte das sofort, brach in hysterisches Schluchzen aus und telefonierte nach dem Arzt.

Ich erklärte ihm, dass diese letzten Tage zuviel für mich waren. Meine Nerven ertrügen die Anspannung nicht mehr.

»Sie sind ein typischer Vertreter dieser neuen Generation von Neurotikern«, belehrte mich der clevere Mediziner. »Sie sind nervös und verkrampft. Deshalb können Sie sich nicht entspannen. Aber ich vertraue Ihnen eine psychologische Entdeckung an, die wir Amerikaner vor einiger Zeit gemacht haben: Es hilft nichts, sich vor Nervosität zu verzehren! Hören Sie auf damit und beginnen Sie zu leben! Vergessen Sie Ihre Sorgen! Vergessen Sie, dass Sie sich nicht entspannen können – und Sie werden sofort entspannt sein! Ruhen Sie sich aus! Fühlen Sie sich frei! Lachen Sie! Seien Sie glücklich! Entspannen Sie sich!«

Er schluckte hastig zwei Beruhigungspillen und verschwand.

Ich beherzigte seine Worte, nahm mich zusammen und sprach zu mir selbst: »Was bist du doch für ein Jammerlappen, dass du dich nicht entspannen kannst! Es ist eine Schande. Entspann dich endlich, du Idiot, entspann dich ...«

Am Abend wurde ich ins Krankenhaus gebracht. Der Professor, der mich untersuchte, hatte sofort heraus, dass ich nervös und verkrampft war. Und er wusste Rat.

»Sie müssen sich entspannen«, sagte er. »Vergessen Sie Ihre Sorgen. Seien Sie ruhig, fühlen Sie sich frei und glücklich, entspannen Sie sich! Sobald Sie sich unbelastet und glücklich fühlen, werden Sie automatisch aufhören, sich belastet und unglücklich zu fühlen. Wir haben unsere Erfahrungen. Wir wissen Bescheid. ›Entspannung‹ heißt das Motto ...«

Leider war ich um diese Zeit schon im Besitz einer schweren, doppelseitigen Allergie gegen das Wort ›Entspannung‹. Wenn ich es nur hörte, geriet mein ganzer Körper in wilde Zuckungen und ich spürte einen unwiderstehlichen Zwang, laut zu krähen. Der Professor deutete das als Zeichen mangelnder Kooperationsbereitschaft, brach die Behandlung angewidert ab, erlitt einen Nervenzusammenbruch und versuchte mich zu erwürgen, wurde aber von zwei rasch herbeieilenden Wärtern, die ihm gewaltsam eine Morphiumspritze verabreichten, im letzten Augenblick daran gehindert.

Ich selbst nahm um Mitternacht, als ich endlich allein war, eine Überdosis Schlaftabletten, die sofort ihre Wirkung tat. Vor meinen Augen wurde es schwarz ...

Ich erwachte. Rings um mich war zackiges Gestein, aus dem rote Flammen emporzüngelten. Eine Gestalt mit Hörnern und einer riesigen Gabel trat auf mich zu.

»Entschuldigen Sie«, sagte ich. »Wo bin ich?«

»In der Hölle«, sagte Mephistopheles. »Entspannen Sie sich!«

Ein Schnuller namens Zezi

Obwohl Renana dem Babyalter schon entwachsen ist, will sie noch immer nicht vom Schnuller lassen. Der Doktor sagt, das sei völlig normal. Angeblich erstreckt sich das Bedürfnis nach dem Schnuller durch die ganze Übergangszeit, die zwischen der Entwöhnung von der Mutterbrust und dem Beginn des Zigarettenrauchens liegt. Der Doktor sagt, dass der Schnuller als eine Art Mutter-Ersatz dient – was mir keineswegs einleuchtet, denn Mütter, soviel ich weiß, bestehen nicht aus rosa Plastikstoff mit einem Mundstück aus gelbem Gummi. Wie immer dem sei, das Phänomen des Schnullerbedürfnisses hält uns allnächtlich wach, um so wacher, als Renana nicht am Schnuller im Allgemeinen hängt, sondern an einem speziellen Schnuller namens Zezi.

Dem Auge des Erwachsenen stellt sich Zezi als ganz normaler Schnuller dar: ein Massenerzeugnis der aufs Kleinkind eingestellten Massenindustrie. Aber unser rothaariges Töchterchen weigert sich, einen anderen Schnuller auch nur anzurühren.

»Zezi!«, ruft sie. »Zezi!«, schreit sie. »Zezi!«, brüllt sie. Und noch einmal »Zezi!«

Schon nach dem ersten »Zezi!« geht die gesamte Belegschaft unseres Hauses in die Knie und sucht auf allen Vieren nach dem gewünschten Gegenstand. Der erleichterte Ausruf des Finders ist für uns von ähnlicher Bedeutung, wie es der Ausruf »Land!« für Columbus gewesen sein mag. Sobald Zezi gefunden ist, beruhigt sich Renana in Sekundenschnelle und saugt behaglich an Zezis gelbem Mundstück, umlagert von ihren völlig erschöpften Hausgenossen.

»Ein Zeichen«, sagt der Doktor, »ein sicheres Zeichen, dass es dem Kind an elterlicher Liebe fehlt.«

Das ist eine Lüge. Wir beide, die beste Ehefrau von allen und ich, lieben Renana sehr, solange sie nicht brüllt. Es hängt nur von Zezi ab. Mit Zezi ist alles in Ordnung, ohne Zezi bricht die Hölle los. Wenn wir uns einmal dazu aufraffen, den Abend anderswo zu verbringen, verfällt die beste Ehefrau von allen beim geringsten Telefonsignal in hysterisches Zittern: Sicherlich ruft jetzt der Babysitter an, um uns mitzuteilen, dass Zezi unauffindbar und Renanas Gesicht bereits purpurrot angelaufen ist. In solchen Fällen werfen wir uns sofort ins Auto, sausen mit Schallgeschwindigkeit heimwärts, notfalls auch über die Leichen einiger Verkehrspolizisten – und müssen den Babysitter dann meistens unter vielen umgestürzten Möbelstücken hervorziehen.

Was etwa geschehen würde, wenn Zezi endgültig verlorenginge, wagen wir nicht zu bedenken.

Sehr intensiv hingegen beschäftigt uns die Frage, wieso Renana weiß, dass Zezi Zezi ist.

Eines Nachmittags, während Renana schlief, eilte ich mit dem geheiligten Schnuller in die Apotheke, wo wir ihn gekauft hatten, und verlangte ein genau gleiches Exemplar, gleiche Farbe, gleiche Größe, gleiches

Herstellungsjahr. Ich erhielt ein perfektes, vom Original in keiner Weise unterscheidbares Gegenstück, eilte nach Hause und überreichte es Renana.

Ihre kleinen Patschhändchen griffen danach und schleuderten es im Bogen durch die Luft.

»Das ist kein Zezi! Will Zezi haben! Zezi!!«

Renanas geplagte Mutter vertrat die Ansicht, den feinen Geruchsnerven des Kleinkinds wäre ein Unterschied im Bouquet aufgefallen, der durch Zezis Abnützung entstanden sei. Nie werde ich das Gesicht des Apothekers vergessen, als ich einen Posten gebrauchter Schnuller verlangte. Es war ein durchaus abweisendes Gesicht. Uns blieb nichts anderes übrig, als eine Anzahl Schnuller in einem improvisierten Laboratorium altern zu lassen. Wir erstanden die nötigen Chemikalien, Wasserstoffsuperoxyd und dergleichen, tauchten einen Probeschnuller ein und warteten, bis er die grünliche Farbe Zezis annahm. Renana entdeckte den Schwindel sofort und brüllte nach Zezi.

»Der einzige Ausweg«, sagte der Doktor, »sind Beruhigungstropfen.«

Aber auch die halfen nichts. Als wir eines Abends in der Oper saßen, sechste Reihe Mitte, kam während einer empfindlichen Pianissimostelle der Chefbilleteur herangeschlichen und flüsterte in die Dunkelheit:

»Pst! Schnuller! Pst! Schnuller!«

Wir wussten, was er meinte, wir wussten, dass Großmama angerufen hatte, wir kümmerten uns nicht um die Empörung und die leisen Schmerzensrufe unserer Sitznachbarn, denen wir auf die Füße stiegen, wir sausten nach Hause und fanden die alte Dame schwer atmend in einem Fauteuil. Zezi war spurlos verschwunden. Der weichgepolsterte Behälter, den wir eigens für Zezi eingerichtet hatten, war leer.

Großmama hatte schon überall nachgeschaut. Erfolglos. Auch wir schauten überall nach. Ebenso erfolglos. Jemand musste Zezi gestohlen haben.

Unser erster Verdacht fiel auf den Milchmann, der kurz vor Großmamas Ankunft erschienen war, um sich zu erkundigen, wie viele Flaschen wir über die nahenden Feiertage brauchen würden.

Die beste Ehefrau von allen zauderte nicht, ihn trotz der späten Nachtstunde anzurufen.

»Elieser – haben Sie vielleicht einen Schnuller mitgenommen?«

»Nein«, antwortete Elieser, »ich nehme keine Schnuller mit.«

»Er lag in einem Körbchen links neben der Gehschule und jetzt liegt er nicht mehr dort.«

»Das tut mir leid für ihn. Und was die Milch betrifft, so bleibt's bei 23 Flaschen am Mittwoch, richtig?«

Das war zwar richtig, aber nicht überzeugend. Unser Verdacht wuchs. Wir überlegten, ob wir einen Detektiv mit weiteren Nachforschungen betrauen sollten oder besser vielleicht einen Hellseher, als plötzlich eine der nervösen Handbewegungen meiner Frau in der Ritze ihres Fauteuils auf den vermissten Edelschnuller stieß. Wie er dort hineingekommen war, blieb ein Rätsel.

Wir fragten unseren Elektriker, ob es vielleicht eine

Art Geigerzähler oder Wünschelrute oder sonst ein Instrument zur Auffindung versteckter Schnuller gäbe, aber so etwas gab es nicht.

Ein benachbarter Universitätsprofessor, der an chronischer Schlaflosigkeit litt, empfahl uns den Ankauf eines Bluthunds, wie sie von der Polizei neuerdings zum Aufspüren geschmuggelten Rauschgifts eingesetzt werden.

Ein auf Urlaub befindlicher Pilot erzählte uns, dass die Fallschirme der israelischen Jagdflieger mit kleinen Funkgeräten ausgerüstet wären, die in bestimmten Abständen »blip, blip« machten. Aber wie befestigt man ein Funkgerät an Zezi?

Wir erwogen, Zezi mit einer Metallkette an Renanas Wiege zu befestigen. Der Doktor mißbilligte unseren Plan.

»Das Kind könnte sich erwürgen. Das Kind braucht keine Kette. Das Kind braucht Liebe.«

»Ephraim«, informierte mich die beste Ehefrau von allen, »ich werde verrückt.«

In den folgenden Nächten fuhr sie immer wieder schreiend aus dem Schlaf. Bald träumte sie, dass ein Lämmergeier mit Zezi im Schnabel davongeflogen wäre, bald hatte sich Zezi selbst, wie in einem Zeichentrickfilm, mit skurrilen Sprüngen entfernt, hopp – hopp – hopp.

In einer dunklen, sturmgepeitschten Neumondnacht entdeckten wir endlich Zezis Geheimnis.

Anfangs verlief alles normal. Mit dem siebenten Glockenschlag traten meine Frau und meine Schwiegermutter an den Stahltresor heran, in dem wir den mittlerweile auf 10 000 Pfund versicherten Schnuller aufbewahrten, stellten die doppelt gesicherten Kombinationen ein, öffneten den schweren Schrank mit Schlüssel und Gegenschlüssel und holten Zezi hervor. Renana, in ihrer Wiege liegend, nahm Zezi zwischen die Lippen, lächelte zufrieden und schloss die Augen. Wir entfernten uns auf Zehenspitzen.

Ein unerklärlicher Drang trieb mich zur Tür zurück und ließ mich durchs Schlüsselloch schauen.

»Weib!«, flüsterte ich. »Komm her! Rasch!«

Mit angehaltenem Atem sahen wir, wie Renana vorsichtig aus ihrer Wiege kletterte, zu einem Fauteuil watschelte und Zezi im Schlitz zwischen Kissen und Lehne verschwinden ließ. Dann kehrte sie in die Wiege zurück und begann mörderisch zu brüllen.

Das Gefühl der Erlösung, das uns überkam, lässt sich nicht schildern. Wir hatten also ein ganz normales Kind. Keine Komplexe, kein ungestilltes Zärtlichkeitsbedürfnis, kein Gefühlsmanko. Sie war nicht im mindesten auf ihren Schnuller fixiert. Sie war ganz einfach darauf aus, uns zu quälen.

Der Doktor sagt, dass dieses Phänomen unter den Angehörigen der Gattung Säugetiere häufig zu beobachten ist, meistens als Folge mangelnder Elternliebe.

Ich mache Karriere

»In Amerika«, sprach meine Tante Trude, als wir eines Abends den Stadtteil Brooklyn durchwanderten, »in Amerika kannst du ohne Publicity keine Karriere machen.«

»Ich weiß«, antwortete ich kleinlaut. »Aber wie soll ich das anfangen?«

»Du musst im Fernsehen auftreten. Das wäre das beste. Oder etwas Ähnliches. Glücklicherweise habe ich ausgezeichnete persönliche Verbindungen sowohl zum Rundfunk wie zum Fernsehen. Im Rundfunk wird es leichter sein, weil ich im Fernsehen niemanden kenne.«

Der Rest war ein Kinderspiel. Meine Tante trifft bei ihrem Friseur gelegentlich mit Frau Perl Traubman zusammen, die seit vierzig Jahren in einem jiddischen Radiosender New Yorks die beliebte »Fanny-Swing-Show« leitet, ja mehr als das: Frau Traubman ist mit Fanny Swing identisch und verfügt sowohl in Brooklyn wie in der Bronx über eine große Anhängerschaft besonders unter den Hausfrauen.

Schon wenige Tage später kam Tante Trude vom Friseur nach Hause, ihr Gesicht unter den frisch gelegten Dauerwellen strahlte.

»Perl Traubman erwartet dich morgen um 7.30 Uhr im Studio 203. Ich habe ihr gesagt, dass du Beat-Lyrik schreibst und ein Oberst bei den israelischen Fallschirmjägern bist, und sie war sehr beeindruckt. Du bist auf dem Weg zu einer amerikanischen Karriere.«

Wir fielen einander schluchzend in die Arme.

Frau Traubman-Swing ist eine freundliche Dame von Anfang sechzig und sieht auch nicht viel älter aus, wenn man ihre knallblond gefärbten Haare und ihre grellrot geschminkten Lippen außer acht lässt. Ich musste im Studio 203 eine halbe Stunde auf sie warten, denn sie erschien erst knappe zwei Minuten vor dem Beginn der Live-Sendung und begann sogleich die verschiedenen Meldungen vorzulesen, die man im Senderaum für sie vorbereitet hatte. Als sie fertig war, schüttelte sie mir zur Begrüßung die Hand und fragte: »In welcher Synagoge singen Sie, Herr Friedmann?«

Ich berichtigte, dass ich meine liturgische Tätigkeit aufgegeben hätte, und stellte mich als der lyrische Oberst von Tante Trudes Friseursalon vor.

»Richtig, richtig.« Frau Traubman blätterte gedankenvoll in den vor ihr liegenden Papieren. »Kantor Friedmann kommt ja erst nächste Woche. Schön, wir können anfangen.«

Ein rotes Lämpchen flammte auf, ein mürrischer Glatzkopf kam in den Raum geschlurft, rief dreimal »Fanny« ins Mikrophon und setzte sich zu uns an den Tisch. Frau Traubmans Stimme, die eben noch geschäftsmäßig zerstreut geklungen hatte, nahm das schwelgerische Timbre einer verliebten Nachtigall an.

»Guten Morgen, Freunde. Sie hören Ihre Freundin Fanny Swing aus New York. Draußen regnet es, aber wenigstens ist es nicht feucht, sondern kühl. Sollte der

Winter gekommen sein? Und weil wir schon von ›gekommen‹ sprechen: In unser Studio ist heute ein sehr lieber Besuch gekommen, ein guter alter Freund, dessen Name Ihnen allen bekannt ist, besonders den Besuchern der Or-Kabuki-Synagoge ...« (hier machte ich mich mit einer Handbewegung bemerkbar, die Frau Traubman sofort kapierte), »...aber auch alle anderen werden den großen israelischen Dichter kennen, der soeben eine kurze Inspektionsreise durch die Vereinigten Staaten unternimmt. Er ist aktiver Oberst in der israelischen Luftwaffe und Reserve-Astronaut. Wie geht es Ihnen, Herr Kitschen?«

»Danke«, antwortete ich in fließendem Englisch. »Sehr gut.«

»Das freut mich. Wie gefällt Ihnen New York?«

»Sehr gut, danke.«

»Waren Sie schon im Theater?«

»Noch nicht, aber ich habe für übermorgen eine Karte zu einem erfolgreichen Musical, und was mein eigenes Stück anlangt ...«

»Jakobovskys Speiseöl kocht von allein«, bemerkte Frau Traubman freundlich. »Für eine leicht verdauliche und dennoch nahrhafte Mahlzeit – für Sirup und Salat – für Gebäck und Gemüse – nur Jakobovskys Speiseöl! Was meinst du, Max?«

Das war keine rhetorische Frage. Sie richtete sich vielmehr an den mürrischen Glatzkopf von vorhin, der seine Zeitungslektüre mit sichtlichem Widerwillen unterbrach und sich ein wenig zum Mikrophon vorbeugte. Er war, wie ich später erfuhr, der politische

Kommentator und Theaterkritiker des Senders, half aber auch bei den Werbespots der Fanny-Swing-Show mit.

»Jakobovskys Speiseöl ist das beste koschere Öl der Welt«, bestätigte er. »Nichts schmeckt besser als Jakobovsky!«

Er schmatzte hörbar mit den Lippen und vertiefte sich wieder in die Lektüre seiner Zeitung.

»Jakobovskys Speiseöl enthält kein Nitroglyzerin«, resümierte Fanny Swing und dann war wieder ich an der Reihe. »Sie schreiben Ihre Gedichte allein, Herr Kitschen?«

»Ja«, antwortete ich, »danke.«

»A schein git'n Tug«, ließ Fanny sich daraufhin vernehmen. »Mein Großvater hat immer jiddisch gesprochen, wenn er wollte, dass wir Kinder ihn verstehen. Er hat auch Gedichte geschrieben. Nicht jiddisch, sondern russisch. Gott hab ihn selig.«

Ich konnte geradezu spüren, wie mein Ruhm von Minute zu Minute wuchs. Dank meiner Teilnahme an dieser grandiosen Sendung würde er demnächst Alaska erreicht haben. Es war ja auch wirklich keine Kleinigkeit, in der Fanny-Swing-Show mitzuwirken. Manch einer würde sich das etwas kosten lassen und ich durfte es ganz umsonst tun. Tante Trude bezifferte den Höreranteil auf 55 Prozent im Schatten. So etwas will ausgenützt sein.

»Jiddisch und Russisch sind schöne Sprachen«, sagte ich. »Was mich betrifft, so schreibe ich Hebräisch.«

»Wie schön!«

»Ja, danke.«

»Ich für meine Person habe keine Sorgen mit dem Essen«, tröstete mich Frau Traubman. »Jakobovskys Speiseöl kocht von allein. Ob Fleisch- oder Teigwaren, ob Braten oder Beilagen – es gibt nichts Besseres als Jakobovskys Speiseöl. Nicht wahr, Liebling?«

»Ich koche nur selten«, antwortete ich, »aber …«

Fanny Swing machte eine nervöse Gebärde zum mürrischen Glatzkopf hin, der die Situation sofort erfasste.

»Jakobovskys Öl ist koscher bis zum letzten Tropfen. Für mich gibt's nur mit Jakobovskys Öl zubereitete Speisen.«

»Schmackhaft und leicht verdaulich – kein Nitroglyzerin – wenn Öl, dann Jakobovsky!«, bekräftigte Fanny, ehe sie sich aufs Neue mir zuwandte.

»Herr Friedmann, wo werden Sie zu den Feiertagen singen?«

»Ich habe mich noch nicht entschieden«, sagte ich wahrheitsgemäß.

»Wir alle kommen in Ihre Synagoge, um Sie zu hören.«

»Das freut mich.«

»Ich bin sicher, dass Sie großen Erfolg haben werden, Herr Friedmann.«

»Wie sollte ich nicht?«, fragte ich. »Mit Jakobovskys Speiseöl gibt's keinen Fehlschlag.«

»Sehr richtig. Es kocht von allein.«

»Jakobovskys Speiseöl ist das beste«, ergänzte ich bereitwillig. »Hab ich nicht recht, Max?«

»Für mich gibt's nur Jakobovsky«, improvisierte Max.

»Koscher, schmackhaft und leicht verdaulich.«

Ich schnalzte mit den Lippen ins Mikrophon.

Frau Traubman-Swing sah nach der Uhr.

»Vielen Dank, Herr Friedmann. Es war schön, Sie als Gast in unserem Studio zu haben und einmal aus wirklich kompetentem Mund etwas über den israelischen Synagogengesang zu hören. A git'n Tug und Schalom!«

»Schalom und Salat!«, erwiderte ich. »Und Sirup!«

Meine amerikanische Karriere war nicht mehr aufzuhalten.

Apollo-11-Mission

»Ephraim«, sagte meine Schwiegertochter, »dein Enkel ist sauer.«

Die Vorbereitungen für die Purimfeier befanden sich auf ihrem Höhepunkt. Der gesamte Kindergarten zog in einer ordentlichen Formation aus Piraten und Polizisten an unserem Haus vorbei, nur unser kleiner Rudi zog einen Fluntsch und sah zornig auf sein herrliches Kostüm, das seine Mami ihm in mühevoller Handarbeit angefertigt hatte: Hosen mit Fransen, Gummistiefel, ein breitkrempiger Hut, der Gürtel mit der goldenen Schnalle und als Höhepunkt das verdammte Schießeisen. Die perfekte Ausrüstung eines waschechten Cowboys lag verschmäht in einer Ecke des Zimmers und unser kleiner John Wayne wurde von Minute zu Minute grantiger.

»Was ist denn los«, erkundigte sich sorgenvoll die ganze Familie, »willst du denn kein Cowboy sein?«

»Nein«, schluchzte Rudi los, »will Neil Armstrong sein.«

Unser Kleiner hatte, wie wir alle, vom legendären Mann auf dem Mond gehört und war tief beeindruckt gewesen.

»Nicht weinen«, die gesamte Familie stand um den Kleinen herum. »Mal sehen, was sich da machen lässt.«

»Ganz genau«, mischte sich nun auch die Beste ein, »wir werden bestimmt eine Lösung finden.«

155

Wir beriefen den Familienrat ein und gelangten zu der Einsicht, dass Rudis Reaktion eigentlich ganz normal ist. Wer möchte heutzutage nicht Neil Armstrong sein, Himmelsstürmer, Starastronaut, Apollofahrer. Wir einigten uns auf einen Kompromiss.

»Dieses Jahr gehst du als Cowboy«, schlugen wir Rudi vor, »und nächstes Jahr dann als Neil Armstrong.«

»Nein«, brüllte das aufgeweckte Kind. »Jetzt! Sofort Neil!«

Die medizinische Diagnose lautet in so einem Fall, wenn ich mich nicht täusche, auf Hyperthrophie, auch Tobsuchtsanfall genannt.

»Gut«, wir gaben schweren Herzens nach, »du gehst als Astronaut. Wir setzten dir einen großen Topf auf und schreiben mit roter Farbe drauf: Ich bin Neil.«

»Das ist pfui«, Rudi steigerte die Frequenz, »das ist nicht Neil!«

»Ja, was ist denn Neil?«

»Weiß ich nicht«, schluchzte das arme Kind, »das müsst doch ihr wissen …«

Warum konnte die Wiederholung der ersten Mondlandung denn um Himmels willen nicht erst nach Purim gesendet werden? Kann man von einem Fernsehintendanten nicht ein Minimum an Rücksicht auf geplagte Eltern und Großeltern erwarten?

Das Kind brüllte und wie es brüllte.

»Neil«, brüllte es. »Neil Armstrong!«

Jetzt versuchte ich mein Glück.

»Ich ziehe dir schöne Moonboots an.«

»Schuhe, pfui.«

»Ganz weiße Schuhe.«

»Hat jeder!«

Eine grobe Verantwortungslosigkeit von Neil. Wie kann ein erwachsener Astronaut nur ohne jedes erkennbare Markenzeichen auftreten?

»Ich habe eine Idee«, sagte die beste Ehefrau von allen, »Rudi zieht seinen Strampelanzug an, ja?«

»Strampelanzug, pfui«, quietschte das Kind, »eklig!«

»Lass mich doch ausreden. Du ziehst deinen weißen Strampelanzug an und auf den Kopf setzen wir dir einen echten Helm.«

»Helm, pfui!«

Um es ganz deutlich zu sagen, diese zweifelhafte Mondlandung des Herrn Armstrong wog die bitteren Tränen meines Enkelsohnes nun wirklich nicht auf. Wo kämen wir denn hin, wenn sich jeder zweitrangige Astronaut in unserem Purimfest breitmachen würde?

»Neil, Opa, Neil!«

Das Kind wälzte sich nun bereits auf dem Teppich. Nur Enkel können so weinen, vorwärts und rückwärts, ohne Luft zu holen. Nun galt es, das Kind zu retten, bevor seine zarten Lungen bleibenden Schaden erlitten.

»Ist doch überhaupt kein Problem«, sagte Opa Ephraim, »wir beide rufen Neil jetzt einfach an und fragen ihn!«

Rudi verstummte. In seinen wunderschönen, großen, tränenfeuchten Augen glänzte ein Hoffnungsschimmer. Ich ging zum Telefon und wählte irgendeine Nummer in der Stadt.

»Guten Tag, ist dort die Nasa?«, rief ich in den Hörer. »Könnte ich bitte Neil Armstrong sprechen?«

»Wen?«, fragte eine ältere Frau am anderen Ende der Leitung. »Hier wohnt Doktor Weißberger.«

»Ja, hallo Neil«, sagte ich erfreut, »wie geht's Ihnen denn? Rudi möchte wissen, als was Sie sich zu Purim verkleiden?«

»Verkleiden?«, fragte die ältere Frau. »Hier wohnt Doktor Weißberger.«

»Moment bitte, Neil, ich hole mir schnell einen Stift«, unterbricht Opa. »Was sagen Sie, was haben Sie an? Hosen mit Fransen, Stiefel, einen breitkrempigen Hut …«

»Ich kann Sie nicht gut verstehen. Sprechen der Herr vielleicht Polnisch?«

»Ich notiere, Neil, ich notiere. Einen Gürtel mit goldener Schnalle und eine Pistole. Alles klar, Herr Armstrong, vielen Dank. Grüßen Sie den Weltraum.«

»Doktor Weißberger kommt gegen Mittag nach Hause.«

»Vielen Dank. Tschüs.« Mit besorgter Miene legte ich den Hörer auf.

»Hast du das gehört?«, wandte ich mich an meine Schwiegertochter Orith, Rudis Mama. »Wo zum Teufel kriegen wir nun für Rudolf all die Sachen her, die Neil anhat?«

»Dummer Opa«, jubelte der dümmste aller Enkel siegestrunken, »dort liegen sie ja!«

158

So wurde die Krise im letzten Moment telefonisch gemeistert. Sollte der geneigte Leser also in den nächsten Feiertagen einem sehr kleinen Cowboy begegnen, der in einem Strampelanzug durch die Straßen flitzt, dann möge er doch bitte lauthals rufen: »Seht doch nur, dort geht Neil Armstrong!«

Dankeschön und frohes Fest.

Satiren zur täglichen Katastrophe

Ephraim Kishon hat es schon immer geahnt: Was wir wirklich brauchen, in guten wie in schlechten Zeiten, ist das Lachen. Und die Erkenntnis: Krisen gehen vorüber, wenn der Humor bleibt.

176 Seiten, ISBN 978-3-7844-3198-7

Die netten Nachbarn

Ob es um die Lautstärke geht, mit der man Musik hören darf oder die Renovierung der Wohnung, bei der alle mitleiden – Nachbarn sind eine besondere Spezies, die einem das Leben nicht immer leicht macht. Allerdings ist auch die Hilfe unter Nachbarn legendär. Familie Kishon erlebt viel Abenteuerliches mit ihren lieben Nachbarn …

160 Seiten, ISBN 978-3-7844-3259-5

Die süßen Kleinen

Warum es den perfekten Babysitter nicht gibt, warum Klein-Amir im Supermarkt in der Einkaufstüte sitzt, wie die beste Ehefrau von allen die Verteilung der Gene kindgerecht erklärt und warum Eltern keine Schwimmlehrer sein sollten – das Buch ist ein wunderbarer Trost für von Schlaflosigkeit und Erziehungswahn geplagte Eltern.

160 Seiten, ISBN 978-3-7844-3271-7

Bücher von Ephrain Kishon bei Langen*Müller*